aboüt 关于 ⑤

还好，
我喜欢听
播客

小红书 编

中信出版集团 | 北京

主　　编	邓　超
总 监 制	卢梦超
执行主编	杨　慧
编　　辑	陈　晗 / 黄洁娴 / 周　依 / 徐晨阳 / 贺果沙
平面设计	黄梦真 / 黄文诗
封面设计	潘浩君
平面摄影	林旷羽 / 周怡辰 / 何佳
视频摄制	施　旸 / 吴利岩 / 王曙尧 / 于　珑 / 熊博阳 刘笑澄 / 林佳瑜
多媒体设计	董照展 / 付　蔚 / 余　果 / 朱雨婷
特别鸣谢	小宇宙 App / 深夜谈谈播客网络 CPA 中文播客社区 / JustPod / 声动活泼
以下朋友对此书亦有贡献	祁晶晶 / 肖刷刷 / 李　亚 / 王　亮 / 张陈景 谭　超 / 周雨佳 / 马云洁 / 陈云帆 / 陈梓健 杨昀昀 / 章元欣

目录 CONTENTS

#1 听觉文化复兴与播客发展趋势

播客的声音现场与听觉文化的复兴 3—10
海外播客行业速览 11—16
中文播客的那些"时刻" 17—18
2021—2023 年中文播客内容生态趋势解读 19—34
群访：Why Podcast？ 35—36

#2 声音的创作者

特别企划 云在天上，生活在语言里 39—52
杨大壹：请多多指教 53—60
姜思达：没有 Show Notes 61—66
肥杰、惠子：我在评论区爬楼 67—74
咪仔：罪案主播会梦到奇怪的东西吗？ 75—84
你喜爱的主播们，都在听什么？ 85—92
听听这些！about 编辑部的播放列表 93—100

#3 播客生态中生长出什么

方言播客：念念不忘的在地声景 103—110
播客里的"长住民" 111—118
播客评论区，是什么画风？ 119—122
精品化的播客，商业化的未来 123—132

#4 开启一档自己的播客

新手入门，开启一档自己的播客吧！ 135—152
专业人士请回答！这些问题真的很重要 153—158

专栏 about 热水频道

第三期的魔法 161—164
我们最近聊了什么？ 165—168

联合企划 听，生活的声音｜2020—2024 年中文播客单集精选 100

在过去的几年里，我们的生活方式发生了很多变化，"在场"、"附近"和"播客"这三个概念也随之深入人心。尽管怀揣着理想，但要实现，还有很长的路要走。

对我而言，播客最初是一种信息传递的方式，它起源于听觉体验，并且正逐渐成为日常生活的一部分。每个人的生活都有一条主线，但同时也有许多并行的线索。在传递信息时，播客是生活主线的辅助；在提供听觉享受时，它服务于当前的生活体验；而当播客作为生活场景时，它可以衍生出无数条平行线。

人类通过五感去感受世界并做出行动，在现实生活中，视觉往往占据主导，我们也越来越依赖这位"主角"。相比之下，由听觉而来的播客就像是一位常驻"配角"，不论生活的主角如何变化，配角始终如一。开车、跑步或是做家务时，播客都能始终陪伴在耳侧，在主行动之外构建出另一个场景。音乐和有声书当然也能做到这一点，但它们通常作为独立的艺术作品存在，我们更多的是欣赏它们的成果。而播客提供了一个过程，一个可以随着生活景观变化的过程。

就像杂志书（Mook）是介于杂志和书（Magazine+Book）之间的一种形式，播客（Podcast）也在播放器和广播（iPod+Broadcast）之间找到了自己的位置。想象一下，自己正和朋友在咖啡馆里聊天，你们的对话就像是描述当前生活的一本书；偶尔听到邻桌陌生人的对话，就像是偶然翻阅了几页不那么重要的杂志；而当你离开咖啡馆，走在回家的路上，耳机里播放着订阅的播客节目，则像是开启了与你并行的另一条生活线索，既与你有关，又似乎无关。

通过这些，你可能已经感受到了"在场"（而又不在场）和"附近"（而又不附近）的感觉，以及它们与播客之间的关系。如果我的表达还不够清晰（很可能是我的表达问题），那么这本关于播客的杂志书将会为你提供完整的视角。希望我们都能通过播客，以最低的成本尝试重塑自己生活中的"在场"和"附近"。

主编　邓超
Editor-in-Chief
CHAOS

▶ #1　　　　　　　　　　听觉文化复兴与播客发展趋势

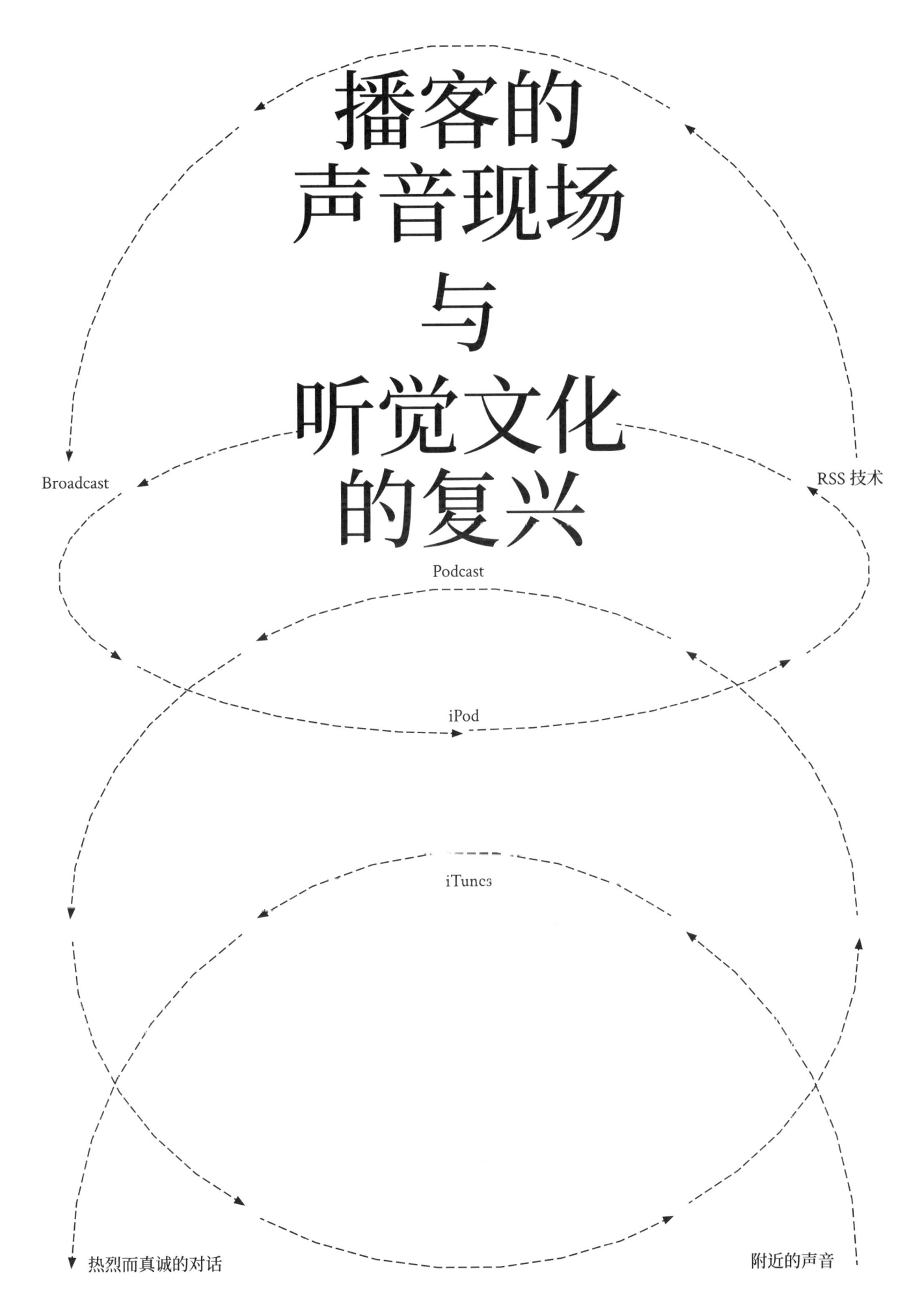

播客的声音现场 与 听觉文化 的复兴

Broadcast

RSS 技术

Podcast

iPod

iTunes

热烈而真诚的对话

附近的声音

撰文 / 柴郡　　企划 & 编辑 / 杨慧

听觉技艺
广播、iPod
和播客

1927 年 3 月 23 日，瓦尔特·本雅明[1]开始广播了，他的声音首次从西南德意志广播电台频段中传出。在这之后的 6 年时间里，他拿起麦克风，从猎物史讲到柏林的神魔，从被火山灰掩埋的庞贝古城讲到广州一座戏院的火灾，从打工人如何升职加薪讲到德国人的阅读取向。本雅明全身心投入广播的时期，也正是他和戏剧家布莱希特之间友谊的升温期。布莱希特曾写下一首传达现代人与袖珍收音机相依相恋之情的小诗：

你，   我在   那次旅途上   带着的   小盒子，
我在从   房子   到   火车、   从   火车   到   轮船   的逃亡中
都记挂着   怎样确保   你机件不损坏，
    好让我   可以   在床头   听见可憎的
胡话   并带给我   痛苦，作为临睡前   最后一件事，
又在   曙光初现时   来一次，
    追踪他们的胜利和   我最大的恐惧：
至少   答应我   你不会再坏掉   ！

彼时广播还是"新媒体"，随着电话、留声机和收音机融入日常生活中，这些"听觉技艺"的媒介工具让声音和聆听独立成为特别的实践，一种清晰可辨的听觉文化在中产阶级中发展起来。

如果还能介入 21 世纪的播客，本雅明定会认为播客的出现既延续又打断了随广播而来的听觉经验和记忆。播客改变了听觉文化的声景结构，但又重新唤醒了人们对一切声音敞开又极具敏感度的耳朵，沉浸式听觉成为当代人刷视频时视觉凝固的救赎——每一瞥都仿佛有"美杜莎"的意味，世界在观看中被固化为"石头"一般的客体。

---

[1] 瓦尔特·本雅明（Walter Benjamin，1892—1940 年），德国马克思主义文学评论家，曾被评为"魏玛时代全德十大电台主持人"。

播客最初是基于RSS（简易信息聚合）技术的分散式架构发展起来的，这使得任何人都可以轻松地创建、存储和分发音频内容，但这只算得上广播音频的网络化翻版。直至苹果公司在2005年将RSS功能加入iTunes音乐商店，再辅以便携播放器iPod和智能手机iPhone等硬件的支持，播客开始进入欧美主流文化。随身的移动智能设备中所播放的听觉文化内容为人们阻隔了彼此之间的陌生与焦虑，在公共空间中保留了听觉维度上的私密感。

播客（Podcast）一词结合了iPod和广播（Broadcast）两个词，而中文翻译"播客"更具人情味儿，并唤醒了人们对于极具私人表达属性的"博客"文化的怀念。在庞大的数字音频内容矩阵之中，播客带来了听觉文化的复兴，与有声小说、广播剧、音频课程、音频直播等声音产品形式一起，向人们传递着特定的审美和社会意义——"如果你想找到宇宙的秘密，就要以能量、频率和振动作为思考的基础"。

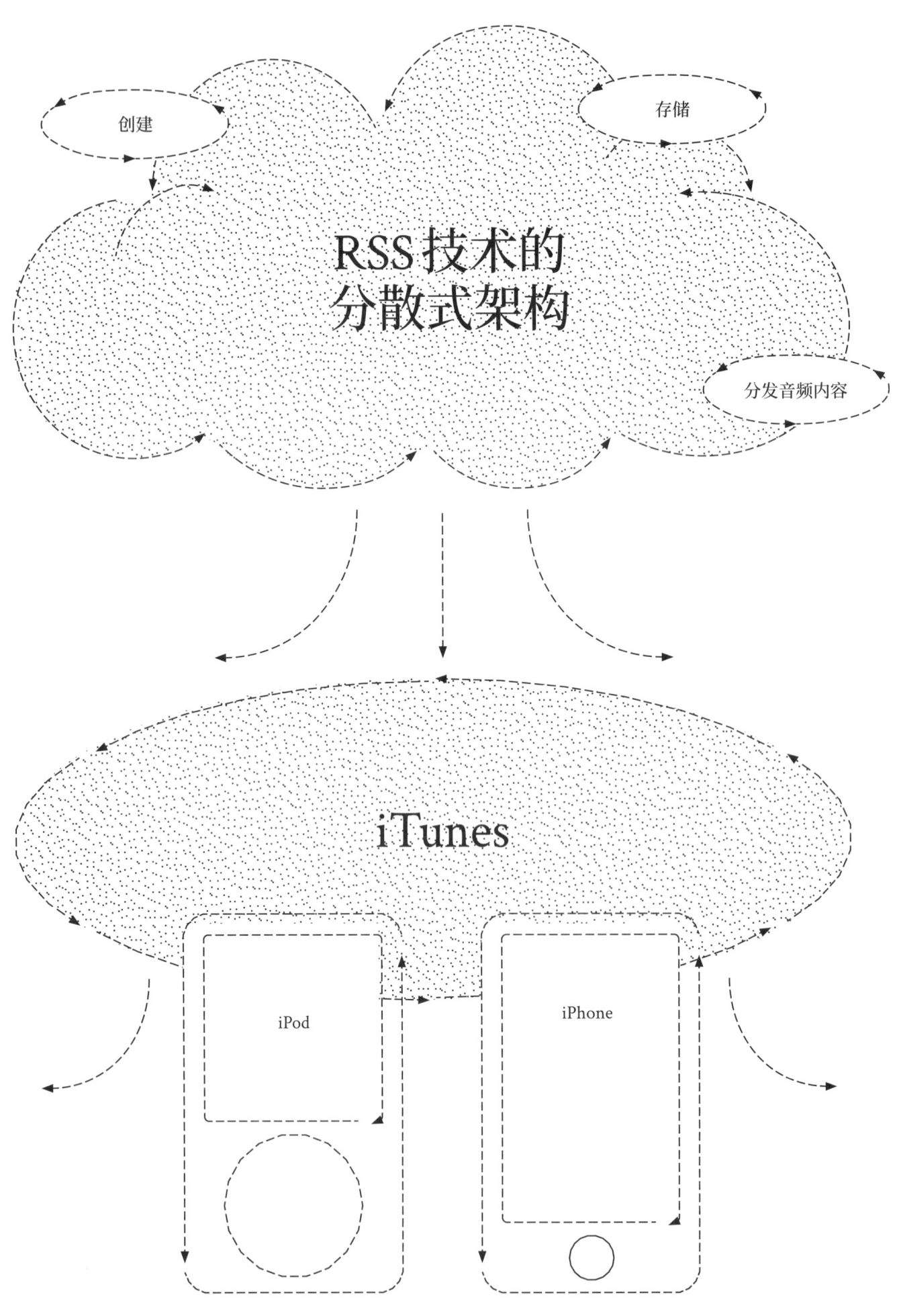

热烈而真诚的对话，非线性的敞开过程

围绕播客构建的声音生产场域中，往往以创作者为中心，依靠深度解析、陪伴情感与叙事结构的内容分享，与听友建立起深度的连接关系。这听上去似乎和电台广播很像，那么当得好广播主播，也一定做得好播客主播吗？实则不然，播客在制作、发布、生产与接受等诸多方面都有别于传统广播。

传统广播通常受制于有限的波段和顺时的流程，编排模式比较固定、紧凑、线性。考虑到听众大多边开车边听车载广播，往往靠大量的插科打诨和罐头音效来提神，而"播音腔"又拉开了人际距离。与此相比，播客具有极强的内容属性，私人化、个性化、多样化，既激发了创作者蕴藏的巨大原创力与想象力，也激活了听众的身体感知及情感反应。

出于或此或彼的原因，目前从广播主播转行做播客的并不多，大多数头部的播客主播都来自电视新闻业或出版行业。这些"旧媒体人"或因传统媒体报道口径的限制，或因传统媒体影响力下滑带来的危机感，最终选择加入播客创作者群体之中。

播客会用连贯的真人对谈方式进行录制，强调一种现场感，在后期则规避高密度的剪辑方式。主播们还乐于在表达中融入愤怒、激情、喜悦的情绪，通过犹豫、沉默、语气去强调或传达情感，将语气词、口头禅与玩笑声等大量保留下来，展现出真实的"人"性。比如，《谐星聊天会》主播六兽儿等人以亢奋的语念、明朗的节奏、跌宕的语势、诙谐调侃的语气，延续了喜剧的现场感和互动性。这些热烈而真诚的对话、向一切偶然敞开自我的精神，构建出播客温暖而真实的声音空间，培养起开放包容、平等对话的态度。

播客的泛文化属性决定了其内容往往会涵盖政经时事、文学艺术等不同主题，虽然也有知识输出，但听惯了付费音频课程的用户往往很难接受播客，觉得信息密度低，必须 2 倍速起步收听。与付费音频课程的结构化显性知识不同，播客中分享的往往是人们在做某事时才会拥有的经验性知识，这些隐性原则在个人生活经验中得以具体呈现，通过人们之间的对话得以传递。《放学以后》的节目主播经常会聊"职业选择和迷你退休""有可能的父母子女关系""内向社恐者"等关于工作生活、亲密关系、原生家庭的话题，唤起了大城市独居青年的共鸣。这些播客内容会围绕社会热点展开，但软性内容往往会淡化时效性，所以并不用像其他内容生产自媒体那样盲目地紧跟热点。《日谈公园》的主播曾坦言："我们并没有使劲追热点，确实是我们自己的兴趣爱好，但又确实是春天大家都会看花，它跟大家的日常生活还是有一定贴合度的。"

随着播客潜在的创作范畴和覆盖范围不断扩大，在较为主流的社会文化等垂直分类之外，播客创作者们还在继续进行新的声音尝试。《不丧》的主播开始邀请读书群的听友一起录制书籍共读节目，看理想"方言计划"中的《横竖横》《香港嘢史》会用上海话或粤语等方言讲出本地化的内容，"声动活泼"旗下的《跳进兔子洞》则通过大量采访制作一期期"声音特稿"，集调查感、故事性和现场纪实感于一体，《城市BGM实验室》有一期节目颇具实验性，完全用开易拉罐、森林中的鸟叫、汽车发动声等声音来回答主持人的提问，开启了听众的想象力大冒险。

附近的声音：共鸣产生的快感

一档播客节目和播客用户之间的关系应属双向奔赴。播客用户大多是一群在兴趣、爱好圈层中拥有"文化身份"的人，既有反思精神，又有知识情感需求，而播客正诞生于这种文化土壤中，孕育出具有人文思考与交流价值的作品。播客与数字音频公司JustPod曾在他们的受众调研中发现了一个有趣现象：播客用户与传统短视频平台用户的重合率相对较低。在小红书上，但凡提及播客推荐，标题往往会是"打破信息差"或"拓展认知边界"。这意味着播客用户有着非常清晰的"自知之明"和危机感，主动对抗信息茧房裹挟，主动寻找有趣又有用的同频共振，心中满是对开拓视野、探索未知的好奇。

这些一、二线城市的高知播客听友，一边忙于在城市的两点一线间穿梭，一边又在孤独共在(alone together)中寻求更深层次的共鸣。"每日通勤、上班摸鱼、睡前助眠"是播客用户的高频收听场景，听着听着，何不尝试寻找搭子一起做播客呢？"听播客的女孩们，不想自己做播客搞副业吗？""最近在gap（空档），做了一档播客""希望做播客不是辞职之后的唯一出路"。于是，听何种播客节目成为人们的一个文化标签，而听播客、做播客也几乎要演进为一种生活方式了。

这是声音的巨大陪伴性优势，在听觉文化中一直未曾变过，"音频是我们在进餐、办公或开车时耳旁的低声细语。它并不喧闹或突兀，它就在耳畔"。然而播客的陪伴性更体现在一种既私密又公共的情感陪伴，正是在一个个关于性别议题、亲密关系、边界跨越的话题铺陈中，听友们获得了各自的情动时刻。话题的公共性和社会存在的大情绪，就像个核心按钮，无论谁按，都能通往无数个体的私密内心。人与人之间经由发声和聆听联结并形成羁绊，羁绊的加深培育着情感的共鸣。

社会人类学家项飙提出"附近的消失"概念时，认为社会空间中"最初500米"对于今天的生活而言，可谓功能性过剩，而生态性不足，曾经复杂多元的周围关系渐次消失，只剩下手机和人的关系。然而，播客将网络空间中凝视与被凝视的关系转化成了倾听与被倾听的关系，似乎只有面对一个个虚拟的、连存在和不存在都不清楚的"我们"，人们才能够直抒胸臆，把自己一切东西都讲出来，成为一个真诚的人。播客不是广场，不是KTV，不是游戏厅，它更像是朋友间进行问候和交流的"客厅"，少了一些嘈杂和喧嚣，多了一些公共讨论和真诚交流，为在虚拟空间中重建"附近"提供了新的可能性，一个就在耳边的"附近"。

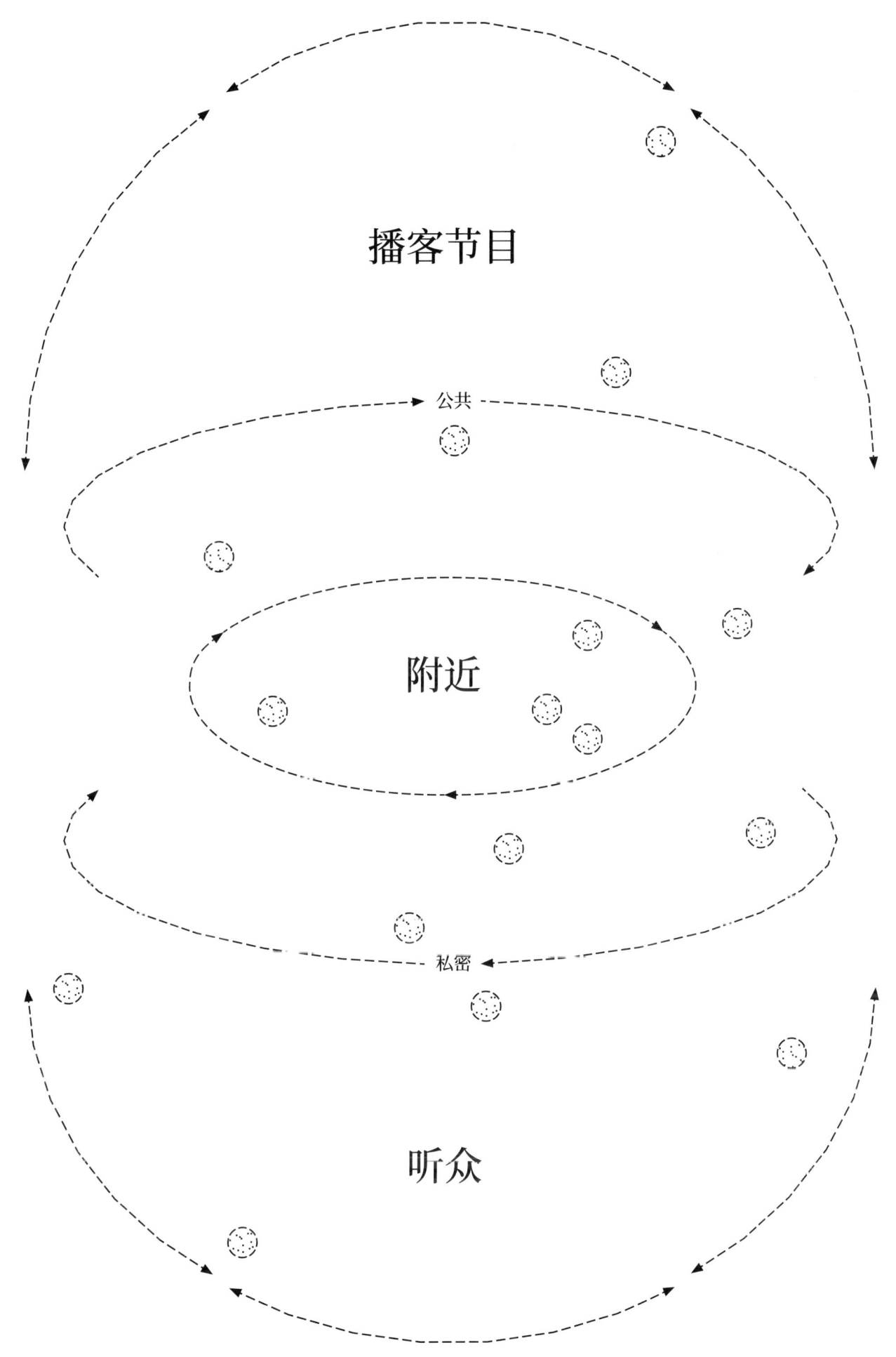

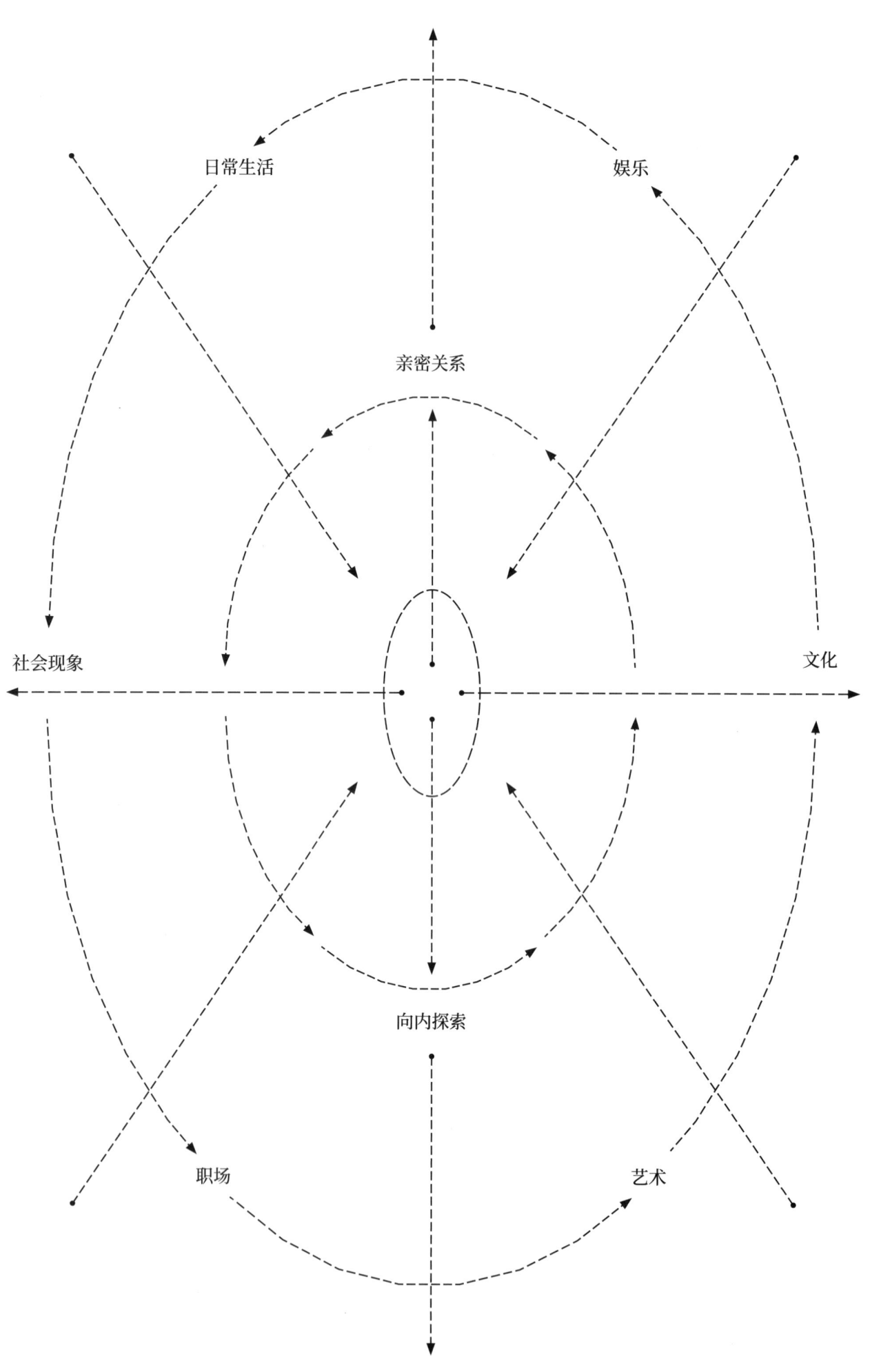

海外播客行业速览

播客，用于指代通过互联网传播的、可供订阅和下载的数字音频文件。播客的概念可追溯到 2004 年——美国音乐电视网（Music Television，MTV）主持人亚当·柯里（Adam Curry）和软件工程师戴夫·维纳（Dave Winer）共同创造了 iPodder，用户可以通过该程序订阅网络音频内容，并下载到自己的 iPod 上。2005 年，苹果公司在 iTunes 4.9 版本中增加了播客订阅功能，即后来的独立应用程序 Apple Podcasts 的雏形。但在当时，传统广播节目仍占据音频媒体的主流。美国专业音频调研机构 Edison Research 指出，截至 2012 年，仅有 29% 的美国公民听过播客。

直到 2014 年，播客迎来飞跃式发展。这一年，一些美国老牌新闻节目开始以播客形式发布内容。同年 10 月，犯罪纪实类播客《连载》(Sorial) 一经推出即获得巨大关注，让播客这一媒介走进大众视野。此后，各大互联网巨头开始加入播客平台大战：2015 年，瑞典线上音乐串流媒体平台 Spotify 增加播客功能；2018 年，谷歌推出播客应用 Google Podcasts；2020 年，亚马逊公司旗下的 Amazon Music 面向美国、英国和德国等国家推出播客服务。

经过近 20 年发展，海外播客业态逐渐成熟。随着越来越多非英语播客的出现，播客这股风也早已吹向全世界。

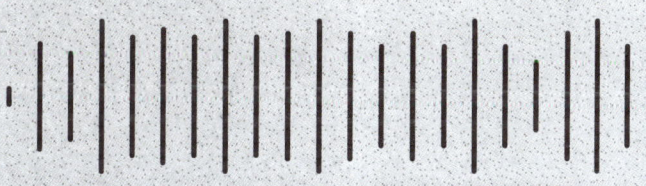

撰文 / 黄洁娴　贺果沙　　企划 & 编辑 / 周依　杨慧

Part 1 地区、语言与内容类型偏好

哪些地区播客节目最多

* 专业播客数据库平台 Listen Notes 2024年第一季度统计数据

节目制作地	节目档数
美国	2,127,764
巴西	202,120
印度尼西亚	143,770
德国	90,618
法国	70,978
英国	55,941
西班牙	47,816
日本	36,508
意大利	35,292
印度	34,366
俄罗斯	31,434
墨西哥	31,141
荷兰	22,604
加拿大	20,489
澳大利亚	19,933
瑞典	16,715
土耳其	13,233
波兰	12,911
其他	157,301

哪些语种播客节目最多

*Listen Notes 2024年第一季度统计数据

节目使用语种	节目档数
英语	2,022,035
西班牙语	370,724
葡萄牙语	213,150
印度尼西亚语	143,728
德语	94,445
法语	76,950
日语	36,381
意大利语	35,298
俄语	31,461
印地语	28,264
荷兰语	24,609
瑞典语	16,873
阿拉伯语	16,275
土耳其语	13,197
波兰语	12,893
丹麦语	11,833
挪威语	9,996
波斯语	8,642
泰米尔语	7,224
其他	159,231

哪些内容类型播客节目最受欢迎

*Edison Research 2022 年末至 2023 年初针对美国 13 岁以上每周播客听众的统计数据

排名	节目内容类型
TOP 1	喜剧类（Comedy）
TOP 2	叙事新闻类（News）
TOP 3	社会与文化类（Society & Culture）
TOP 4	犯罪纪实类（True Crime）
TOP 5	体育类（Sports）

播客技术公司Triton Diqital发布的《2023 年播客调研报告》进一步指出，不同年龄段听众喜好的播客类型各不相同，美国中老年听众群体更偏爱收听新闻类和体育类播客，青年群休则偏好收听喜剧类、犯罪纪实类播客。此外，不同性别群体的内容选择也有差异，美国男性听众偏爱喜剧类（62%）和体育类（85%），女性听众更喜欢收听犯罪纪头类播客（67%）。

与英语地区听众偏好不同，以西班牙语、葡萄牙语为主的南美洲听众更喜欢收听小说类播客；而在东南亚与南亚，听众则偏爱宗教类播客。

13

Part 2 用户画像与平台偏好

谁在听播客？

#较高学历

#年轻

#较高收入

海外市场的播客用户，都是什么样的人？以美国为例，Triton Digital《2023年播客调研报告》指出，2023年美国播客听众数量达到全球播客听众总量的40.3%，播客听众群体画像偏向年轻人群，平均受教育水平较高，且人口构成相对多元。该报告同时以24,000多名美国播客听众作为调查样本来展现播客收听群体的构成。调研显示，25~34岁人群是海外播客用户的主力军，成年男性比女性更爱听播客，大学及以上学历及家庭年收入10万美元以上的人群更可能有听播客的习惯。

美国播客用户

年龄指数

* Triton Digital《2023年播客调研报告》。指数 >100，表示该类人群相较美国总人口而言，使用播客的概率较大（下同）

年龄	指数
18~24	121
25~34	152
35~44	141
45~54	93
> 55	55

* 尽管美国55岁以上听众总数较少，但增长速度远高于其他年龄段，2023年相较于2022年同比增长22%；而25~34岁年龄段同比增长8%，25~44岁年龄段同比增长13%。

性别指数

性别（18岁以上）	指数
女性	88
男性	113

学历、收入指数

指标	指数
大学及以上学历	130
家庭年收入大于10万美元	128

在哪里听播客？

海外用户对播客平台的选择也显示出明显偏好。播客托管平台 Buzzsprout 数据显示，在各大播客平台中，Apple Podcasts 与 Spotify 是美国听众最常使用的播客平台。

美国播客用户

最常使用的收听平台

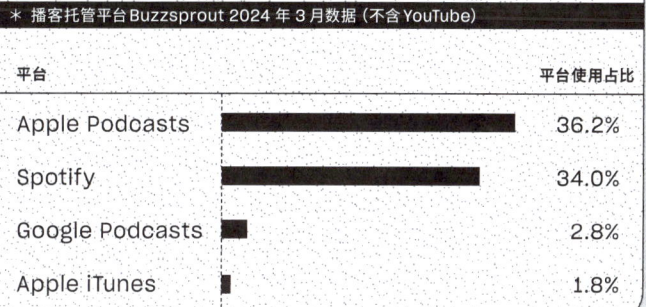

* 播客托管平台 Buzzsprout 2024 年 3 月数据（不含 YouTube）

平台	平台使用占比
Apple Podcasts	36.2%
Spotify	34.0%
Google Podcasts	2.8%
Apple iTunes	1.8%

Part 3 打破边界的播客探索

影视化试水

如今海外播客的发展已成体系，但它与其他媒体形式之间并非泾渭分明。例如 WNYC（纽约公共广播）制作的《广播实验室》(Radiolab)，既是播客，也是广播节目，用户不仅可以在播客软件上播放，也能通过当地电台收听。近年来出现的视频播客 (Video Podcasts) 也为用户提供了更多元的选择，在 Spotify 上，已有超过 10 万条视频播客节目。一些平台更开启了播客影视化尝试，如亚马逊公司开发的 Amazon Prime Video 在 2017 年发布的恐怖题材剧集《传说》(Lore)，就是以播客节目内容为基础创作的。

播客影视化的潜力在不少作品的成功中得到了印证。亚马逊基于Gimlet Media[1]旗下播客节目《归途》(Homecoming)改编的同名电视剧于2018年播出首季，口碑和收视率双丰收，更斩获了多项艾美奖提名。Wondery[2]出品的播客改编剧集《脏鬼约翰》(Dirty John)于2018年播出后，也成为Bravo[3]有史以来观看人数最多的电视剧之一，并获得了金球奖提名。

长久以来，影视行业主要的创作来源之一是小说IP，但伴随着播客用户增长和创作形式的多元化，越来越多的影视制作公司开始把播客作为内容孵化器，将故事以音频节目的形式率先投向市场，以便更好地预判哪些故事值得被影视化。

[1] 一家播客制作公司，主打"叙事性"和"传记类"节目。
[2] 一家播客制作公司，主打以好莱坞工作室的制作流程来打造节目和培养主持人。
[3] 美国NBC环球集团在1980年推出的付费有线电视台。

AI时代，人人可以做播客？

时至今日，用AI（人工智能）制作一档优质的播客，也许离我们并不遥远。在AI助力下的智媒时代，"人人都可以做播客"不再是商业应用吸引消费者的空口号。

AIGC（人工智能生成内容）的发展为播客创作者带来了全新的机会，新的AI工具可以根据文本生成内容大纲、广告甚至整个节目。2023年，The Ringer[4]创始人兼主播比尔·西蒙斯（Bill Simmons）在他的节目中提到，该平台正在研发一种技术，可以让AI模拟主持人的声音来制作音频节目中的广告。同年9月，Spotify官方宣布采用OpenAI新推出的音频翻译功能，在保留创作者声音特质的同时，实时生成创作者所用语言外的其他语言（目前可支持西班牙语、法语和德语）版本，促使节目突破语言的边界，走向更多的地方。

但与此同时，AI参与制作播客也带来了一系列新的问题。2022年，"复活"的史蒂夫·乔布斯在一期播客中与主持人进行了近20分钟的对话，引起媒体一片哗然。该节目制作团队搜寻了网上所能找到的一切关于乔布斯的传记和录音数据，通过PlayHT[5]模拟乔布斯的声音生成了这期内容，这一事件引发了人们对于AI造假的担忧。

2024年1月，美国单人喜剧演员、作家乔治·卡林（George Carlin，于2008年去世）的遗产管理机构提起诉讼，称播客频道Dudesy的主持人威尔·萨索（Will Sasso）和查德·库尔特根（Chad Kultgen）通过利用乔治·卡林50年来的作品训练AI，侵犯了该遗产管理机构的版权。播客制作者在和解协议中承认，他们使用AI冒充卡林先生制作了一期喜剧特别节目。当声音可能被不加限制地滥用时，AI工具便成了一把悬在我们头顶的达摩克利斯之剑。

[4] 体育与流行文化网站，2020年被Spotify收购。
[5] 一个基于人工智能的在线语音生成器，可将文本转换为自然发音的语音，并支持多种语言和口音。

16

中文播客的那些"时刻"

2004—2010 年

"萌芽"时代

2004 年 此时国内"博客"文化兴盛,海外的"播客"概念也刚刚兴起,在这样的背景下,同在唱片公司工作的何淼和陈沂受到启发成立《糖蒜广播》,最初是以网络音频电台的形式在网页发布节目。作为早期先行者,《糖蒜广播》不仅是很多初代播客听众的启蒙,也对整个中文互联网文化产生了深远影响。

2005 年 中国播客网、播客宝典等专业的播客网站陆续上线。

苹果公司在 iTunes 4.9 版本中首次加入播客功能(Apple Podcasts),允许用户订阅、下载和播放播客节目。

2010 年 《糖蒜广播》从原来的一档节目扩展成了十几个细分节目,除了原本主营的音乐类目,还涉及脱口秀、汽车、读书、电影、电子游戏、美食等多个方向,形成了最早的综合型中文播客矩阵。

撰文 / 徐晨阳　编辑 / 杨慧

2011—2019 年

"慢热"时代

2011 年 中国首家网络音频平台"蜻蜓 FM"上线。

2012 年 苹果播客客户端上线。

《糖蒜广播》《三角龙电台》《坏蛋调频》《鬼影人间》《有的聊》《YY Club》《Gadio》7 家中文播客联合制作了一期长达 170 分钟的节目《七贱下天山》,中文播客首次以群体形式亮相。

2013 年 喜马拉雅、网易云音乐、荔枝 FM、考拉 FM 等网络音频平台在同一年推出。

《大内密谈》开播,至今保持更新超过 10 年。

2014 年 苹果 iOS.8 更新,"播客"作为独立 App 被预装在每一部苹果手机上。

2016 年 《日谈公园》《津津乐道》《怡楽播客》等节目相继成立,其中,《日谈公园》是行业内最早接受机构投资的播客之一。

2018 年 《大内密谈》开始公司化运营,深夜谈谈播客网络在北京正式成立,旗下拥有《大内密谈》《枕边风 theuglytruth》《空岛 LandingOnAir》等多档节目。

播客与数字音频公司 JustPod 在上海成立,旗下拥有《忽左忽右》《杯弓舌瘾》《鼓腹而游》等节目。

2019 年 泛商业播客厂牌声动活泼成立,旗下出品《声东击西》《What's Next | 科技早知道》《声动早咖啡》《商业 WHY 酱》等多档泛商业科技类节目。

《日谈公园》提出"播客联盟"的概念,并推出新播客《日谈物语》《说归说》和《天地无用》。

JustPod 联合创始人杨一发起第一届"PodFest China 中文播客大会"。

2020 年至今

"复兴"时代

2020 年 国内首个专注中文播客的平台——小宇宙 App 上线,《随机波动》《忽左忽右》两档文化类播客是该平台最早拥有 5 万订阅量的节目。

QQ 音乐、网易云音乐相继内嵌"播客"功能,传统主流音频平台加大对播客类目的投入。

2021 年 荔枝播客 App、汽水儿 App 上线。

2022 年 首届中文播客奖(Chinese Podcast Award,CPA)在上海颁奖,活动同期发布了 CPA《2023 播客营销白皮书》。

eMarketer 数据显示,2022 年中文播客听众数量超过 1 亿,节目数量突破 5 万档。

2023 年 小宇宙 App 公开数据显示,截至 2023 年 9 月,其平台内节目数量突破 7.5 万档。

2024 年 喜马拉雅《2023 喜马拉雅中文播客生态报告》数据显示,中文播客听众数量超过 2.2 亿。

网易云音乐首届播客大会举办,发布"播种计划"全面扶持播客创作者。

小宇宙 App 发布《2023 小宇宙年度播客趋势》。

2021—2023年 中文播客内容生态趋势解读

作者 / 小宇宙编辑部　　编辑 / about编辑部

19

喜剧人播客与媒体播客涌现 2021

2021年，喜剧人播客与媒体播客成为中文播客不可忽视的创作力量。无论是播客的"传统艺能"陪伴解闷，还是传递内容的深度与新意，这两股力量都给播客带来了更多可能。许多备受喜爱的热门播客正是在这一年创立，或是在这一年里发光发热，给中文播客的听友带来了许多精彩作品。

喜剧人播客

趋势表现

喜剧人播客不仅包括个人喜剧演员的播客，也包括由喜剧厂牌创立的机构播客。自2021年开始，全国各地的脱口秀俱乐部和喜剧演员都开始更多地关注到了播客这一渠道。在这一年里，来自猫头鹰喜剧的脱口秀演员史炎创立了播客《不开玩笑 Jokes Aside》，喜剧厂牌惊讶喜剧创立了播客《正经叭叭》，喜番喜剧带来了播客《喜番调频 | 笑个不停》，肆笑喜剧出品了播客《三言两语 | 脱口秀演员闲谈录》，来自长沙的笑嘛喜剧也推出了《一个观众站起来》，老牌的喜剧公司笑果则拿出了《笑果编剧活动中心》《笑果小酒馆》两档新节目⋯⋯

除了层出不穷的新面孔，已经在这个品类有所收获的老节目也开始进一步发力，无论是商业化探索还是主题企划方面均出现了优秀案例。

2021年3月，《谐星聊天会》开始尝试品牌冠名合作，由雀巢定制的"巢妈团"12期系列节目收获了听友的广泛好评。单期时长80分钟以上，小宇宙累计播放超过310万次。许多听众至今仍将其认定为《谐星聊天会》的必听系列。其中第9期节目《巢妈团09. 得是多好的婚姻能让人放弃快乐的单身？》也成为《谐星聊天会》至今在小宇宙上累计播放量最高的单集之一。而在一篇对品牌方负责人的采访中，对方也表示此次品牌合作的效果超出预期，单次播放价格远低于其他媒介。播客的价值、好内容的价值开始逐渐被更多的品牌和市场认可。

同年，《基本无害 Mostly Harmless》在节日主题企划上别出心裁，推出了情人节特别企划《Ep17 我偷窥了30个单身朋友的情人节，他们都（假装）很开心》，邀请超过30个朋友针对"我的情人节怎么过"这个话题，聊聊自己对爱情的看法。这期节目也成为《基本无害 Mostly Harmless》早期少数突破10万播放量的热门单集，收到了超过3,500条评论。后续，主播毛冬如法炮制，推出了清明节特别企划《Ep24 怎么活我没想明白，怎么走我计划好了（上）》、七夕特别企划《Ep36 九对情侣的七夕互问（一对差点离婚）》等特别单集，这些特别企划的共同点是极其别致的切入角度、精致的素材编排和配乐选择，使得节目迸发出超越素材本身的动人能量，宛如一部部声音纪录片。

也是在这一年，同为单立人脱口秀演员的刘旸的播客《无聊斋》推出了"教培行业浮沉史"系列专题，在"双减"政策的背景下，曾经在教育培训行业任职12年的刘旸希望用"三部曲"来记录这个大背景下的众生相，讲述那些离开或留在教育培训行业的老师以及家长、投资人的故事。极富社会关怀的视角和真实动人的讲述，使得该系列的累计播放量突破了10万次，收到上千条长评论回复。

成立于2020年10月，来自上海的喜剧品牌喜剧联合国创立的播客《嘻谈录》则另辟蹊径，推出了"地图系列"。从地域刻板印象出发，用幽默来挖掘、化解关于全国各个省市自治区、地区的刻板印象。从东北、山东、江苏，到四川、广东、浙江等，2021年整个系列的累计播放量超过了30万次。

FEATURE STORY

Comedy Media

Haha
Hahaha

2021

21

背后原因

喜剧品类本身和播客就有很高的匹配度。在播客市场更加成熟的美国，喜剧品类不仅是播客重要的组成部分，也是最受广告主青睐的节目品类之一。播客作为一种注重语言艺术的表达形式，喜剧演员们的幽默功底和强烈的个人特质比其他的播客创作者更容易俘获听众的心。而长期以来，中文播客的听众对于具有陪伴感、趣味感的内容都有着极大的需求。

与此同时，受新冠疫情影响，脱口秀俱乐部和喜剧演员缺乏线下跟受众沟通的场景也成为喜剧人播客繁荣的重要原因之一。喜剧演员们在专场表演之外，同样需要一个舞台来验证、展现个人魅力，打磨演出作品。《基本无害 Mostly Harmless》主播毛冬曾经在接受采访时说："我非常需要做出作品，被认可。虽然我平常讲脱口秀，也会获得一些类似的反馈，但播客基本满足了我在舞台下面的这部分需求。"

媒体播客

趋势表现

长期以来，中文播客的创作力量都离不开媒体人和文化行业从业者。而 2021 年是许多媒体机构开始正式重视播客创作的一年，播客逐渐成为媒体机构标配的表达渠道之一。

在这一年里，第一财经推出了商业类播客《商业就是这样》，甫一推出，便成为当年小宇宙增长最快的新节目，累计订阅量超过 6 万。《人物》团队带来了播客《是个人物》，公众号晚点 LatePost 推出了播客《晚点聊》，新周刊·硬核读书会出品播客《硬核读书会 FM》，《时尚先生》专题报道组推出了播客《噪音开始了》，《澎湃人物》栏目和《镜像》栏目联合出品播客《涟漪效应》，凤凰网《在人间》栏目推出同名播客《在人间》。

与上述播客共同组成媒体播客矩阵的还有 2018 年加入播客的《看理想圆桌》，2019 年开始布局播客的《智族 GQ》报道团队出品的《智族 Talk》、《新京报 书评周刊》推出的《反向流行》等节目。除了以长篇严肃报道见长的媒体机构，青年文化媒体 WhatYouNeed 也于 2019 年推出了播客《不把天聊 si》，one 文艺生活编辑部出品了播客《万一火了》。

受这一趋势影响，2022 年及以后加入播客的媒体还有三联中读出品的《Talk 三联》、界面文化出品的《界面文化 | 编辑部聊天室》、《Vista 看天下》推出的同名播客等节目。

背后原因

中文播客世界早期的创作形式大多以对谈类、圆桌类播客为主，内容话题更偏向于日常闲聊和主播们的兴趣讨论。而媒体播客对于当下世界与人们的生活状态有着更多的关注，无论是商业领域、文化现象还是年轻人的生存状态，丰富的话题为不断增多的听众带来了更多不同的视角和思考。

> 播客作为长内容的一种，在内容形式上与深度报道有着许多相似之处。如何将一个事件、话题更准确、更真实地还原给听众？如何在把握内容信息质量的同时，赋予其动人的力量？媒体人在长期撰文报道中积累的职业素养和功底在播客中仍然能够迸发出相当大的能量。

2021

23

单口魅力、商业视角、职业观点、品牌之声

2022

回顾 2022 年的中文播客世界，新播客的总体数量相较于 2021 年增长了一倍有余，小宇宙上订阅量增长破万的播客数量较 2021 年翻了近 5 倍。除了创作者，内容品类、创作形式上的诸多变化也十分值得关注。其中有 4 个无法忽视的新趋势：单口魅力、商业视角、职业观点、品牌之声。

单口魅力

趋势表现

在很长一段时间里，对谈类、圆桌类播客都是中文播客里最常见的形式。而 2022 年越来越多的主播选择以单口播客的形式进行创作。一个人录音，真挚心声自在吐露。播客一贯是卸下防备、袒露心声的创作形式，2022 年不论新老主播，都开始尝试单口独白，像是主播个人的随感笔记，无论是情绪还是思考，都能在此得到自在的发挥。主播的个人魅力得以通过声音触达最知心的听众，相较于传统的对谈类、圆桌类播客，单口播客可以随时随地轻松开启，自得其乐。

在这一年里，知名视频创作者狂阿弥开设了个人播客《阿弥晚安》，演员佟晨洁、范湉湉也相继开设了个人单口播客《佟晨洁的"正常生活"》和《范湉湉》。佟晨洁在播客里会定期回复听众来信，记录自己的读书心得，与听众沟通近况，相较于影视作品里的她，播客释放了她身上更多面的魅力。范湉湉则把播客当作自己的声音日记本，没有固定的片头和介绍，听众像是随手接起了一通好友来电，听她讲述生活中的所见、所闻、所想。播客是她毫无保留的一片真心地，讲到动情处时的哽咽也令听众随之动容。

除此之外，还有编剧柏邦妮的个人单口播客《哈喽哈喽我是邦妮》、影评人关雅荻的单口播客《关雅荻的大航海日记》、视频创作者 G 僧东的《十六号线》。播客成为创作者们记录工作笔记、航海见闻、创作幕后的工具，在他们的本职工作之外，生活的支线与花絮同样精彩。

相较于其他类型播客，单口播客的话题与主播个人更加相关，真诚的自述进一步放大了播客原有的"真实感、信任感、陪伴感"的特点，聚集了真正对主播认可、感兴趣的听友，形成了更加有深度的联结。

背后原因

随着手机硬件品质不断发展，想要获得相对不错的录音音质已经不再像早期播客那么困难。各个平台也在不断优化移动端录制的体验，技术的不断发展使得录制的软件和硬件门槛都在不断降低。因此单口播客成为许多新的创作者尝试播客的第一选择。

单口播客的涌现也和播客本身的特点密不可分。播客本身的"真实感、信任感、陪伴感"意味着听众能够听到的内容绝对是创作者本人表达，未经编辑和篡改。即便内容本身有所剪辑，但想要对播客二次润色的难度相较于文本和视频都要高出不少。对于在舆论场上时刻需要谨言慎行，容易被曲解、捏

造的创作者来说，声音是一个更显真诚、完整的媒介。而更容易开启的录制条件和更加个人的话题选择，也让单口播客的"陪伴感"被进一步放大。

商业视角

趋势表现

2022 年无疑是充满挑战的一年，而就是在这样的艰难时刻，中文播客涌现出大量优质的商业类播客。商业话题成为一种切入角度，深入不同的行业品类，讲述商业叙事和时代风云变幻，让听众靠近、理解商业生活的本质。在这一年里，商业品类逐步成为播客世界中的热门品类之一。

"商业故事"是商业品类下最受欢迎的内容题材之一。2022 年 3 月，财经媒体人潇磊和资深互联网人刘飞创立了播客《半拿铁｜商业沉浮录》，通过专题策划方式，回顾了从中国到全球许多知名品牌的商业往事。以 5 月最早推出的"中国饮料故事"系列为例，从娃哈哈、健力宝，到露露杏仁露、椰树牌椰汁、国产汽水八大厂等，耳熟能详的品牌悉数登场。每一个品牌背后都有一段独一无二的创业故事，也都有着自己的历史高光。两位主播以风趣幽默的讲述方式，让这些尘封的往事重现在听众耳边，系列节目累计播放量超过 35 万次。此后陆续推出的"中国金融骗局""任天堂往事""芯片江湖"系列同样大受好评，成为商业故事题材中的代表案例。

除了《半拿铁｜商业沉浮录》，前 IDEO 中国资深设计主管 Yingying 创立的播客《Slow Brand》则长期关注如何练就经典永续品牌。乐高、劳力士、卡西欧、伊索这些经典品牌，如何凭借其独有的魅力征服了全世界的消费者？从它们的创业历史、转折与危机、文化背景等多个角度探讨如何慢慢做品牌。由日本旅行民宿品牌"在川旅宿"出品的播客《河童打扰了！》则把视角对准了人们熟知的许多日本品牌，从日清食品、资生堂到三得利，结合日本社会的文化背景与消费习惯，讲述这些公司如何成为今天的商业巨头。

而在品牌与营销领域，2022 年，战略营销专家小马宋开设了播客《小马宋的商业观察》，用丰富的品牌案例和 CEO

Business Brand Stand-Up Comedy

SENSE OF COMPANIONSHIP

26

Truth & Trust

对谈，向播客听众讲述自己对于商业世界的认知、观察。《刀法Digipont》创始人刀姐doris也开设了播客《温柔一刀》，帮助听众拆解消费品牌和商业趋势，许多品牌创始人和营销圈资深人士成为客座嘉宾，例如分众传媒创始人江南春、台湾奥美广告前副董事长叶明桂、雕爷牛腩创始人雕爷等。

在宏观经济观察方面，得到App总编辑李翔和峰瑞资本创始合伙人李丰创立的播客《高能量》推出了"宏观漫谈""产业观察"两大系列，前者针对国内外宏观经济形势进行客观中立的讨论，并试图在历史的长周期里找到一些参照系，后者则旨在厘清不同产业的历史沿革，希望从中挖掘产业发展的底层规律。两个系列累计播放量超过百万次。

在商业与投资领域，前投资机构从业者星辰和另一位主播李永浩共同创立了播客《三点下班》。自诩投资陪伴型播客的他们不仅会盘点每月行情，讨论投资方法和底层框架，也会结合社会热点和股民生活聊聊时下的一些现象级话题。曾供职于《财经》杂志的商业写作者张小珺的播客《张小珺Jùn｜商业访谈录》则长期与不同领域、行业的投资人对谈，视野更是延伸到全球，从美国硅谷到中国香港，从东南亚到拉美地区，张小珺都能找到对当地科技、商业有长期观察的受访者。还有长期观察SaaS领域和AI技术的《OnBoard！》以及专注Web3话题的《Trader's Talk》也在这一年诞生，并成为备受听众喜爱的商业类节目。

除了以上领域，商业视角与其他领域的结合也诞生了许多优秀的节目。这些节目借助商业视角帮助听众更快地进入一个陌生的行业。例如兼顾商业和体育内容的播客《鹰眼时间-体育运动播客》，在2022年北京冬奥会期间围绕"体育吉祥物"进行探讨。如何看待体育吉祥物的商业价值？特许商品供应体系又是怎样的？这样的结合给听众带来了极大的新鲜感。此外，还有将商业与美妆相结合的《美妆内行人》、与出海相结合的《出海进行时》，以及与社会文化相结合的《迷因电波》，都成为2022年备受关注的话题播客。

背后原因

在这个特殊的时间节点，重新理解商业社会的运行规律，进一步靠近商业社会的本质，成为很多人收听商业类播客的动机。播客成为打破信息差的有力杠杆的趋势已经初显。越是在环境变化的情况下，人们越需要主动去寻找更多的观察与讨论，获得、筛选更多有用信息。

与此同时，并不是所有关于商业的议题都能在短媒介里讨论清楚，仍然有很多人认为商业社会里有很多复杂议题需要长媒介来承载。长图文、长视频与长音频都有着各自的优势与缺陷，在当下，长音频逐渐成为更多领域资深从业者认可的渠道，在声音里真诚、无私地分享着对于商业社会的洞察。

职业观点

趋势表现

2022 年，许多优秀的职场人在播客里分享不同行业的见闻与观察。播客成为大学生和职场新人了解不同行业真实现状、打破行业信息隔阂的渠道之一。通过不同的职业视角，听众也打开了对于世界的不同理解。

播客《机智的律师生活》成立于 2022 年 1 月，在这档节目里，主播邀请了来自不同领域的律师同行分享他们的工作日常，从非诉律师、IPO（首次公开募股）执业律师到反垄断律师、民商事争议解决律师。结合不同的社会热点，还会邀请对口专业的律师参与解读，例如在"埃隆·马斯克收购推特案"中，主播邀请了专业的跨境并购律师逐一梳理事件全貌，解读对簿公堂的双方各有哪些底牌，给听众带来更多信息增量。

像这样的节目不在少数，例如来自不同年龄段、不同专业的协和医学生和医生组成的播客《协和八啦吧》，运动营养师、食品博士、健身教练共同打造的《津津有味》，资深咖啡从业者和爱好者坐镇的《Coffeeplus播客》，聚焦食品行业的《大食话》，专注揭秘影视剧组不同工种的《油尖旺午夜场》，以及汽车工程师发起的《孤岛车谈》，等等。

在这一年里，对不同职业感兴趣的从业者、预备从业者以及爱好者聚集在一个个播客下，宛如一个个兴趣小组或是职业论坛，对于职业的困惑与不解也能在播客评论区收获大家的热心解答。

背后原因

经济市场的波动极大地影响了求职市场的稳定。随着竞争不断加剧，做出职业选择需要更多真实从业者的观点和想法作为参考。受听众需求影响，更多的职业播客也在不断涌现。播客独有的真实感和信任感，让听众更愿意在播客里寻找洞察、分享困惑并且真诚互助。

另一方面，在文化、社会议题、商业等品类不断壮大的同时，新进入的创作者也在不断思考如何在节目定位上推陈出新。行业从业者不仅能够提供差异化的内容，而且能够将"录制播客"作为一个很好的社交机会，不断接触行业内的其他细分从业者，为播客提供源源不断的选题和嘉宾。

品牌之声

趋势表现

品牌播客并非独属于 2022 年的趋势，自 2021 年起，已经有越来越多知名品牌开设长期更新的官方播客节目，而品牌与播客的合作则可以追溯到更早。

让更多人关注到品牌播客的或许是在 2022 年 9 月，耐克官宣了其官方播客《耐听》，首期节目邀请到了知名女足运动员赵丽娜，讲述她在赛场内外的精彩人生。赛场上的她，充满热爱，熠熠发光，赛场之外她还拥有摇滚乐队鼓手、《英雄联盟》主持、资深游戏玩家等多个标签。《耐听》不仅成为许多职业运动员首次亮相播客的舞台，也让很多听众感受到了运动员在赛场之外作为一个普通人的魅力。电竞选手 Uzi（简自豪）、女篮运动员杨力维和韩旭、田径运动员苏炳添、网球运动员郑钦文、足球运动员武磊都是《耐听》的热门嘉宾。

2022年4月，意大利品牌GIADA推出了官方播客节目《岩中花述》，心理咨询师史秀雄、《单读》主编吴琦、作家马家辉、主持人陈鲁豫都曾担任节目的主播。这档播客访谈了许多来自不同领域的优秀女性，其中包括演员海清、导演邵艺辉、作家梁鸿、译者陈英、音乐人陈婧霏、医生张羽、辩手詹青云，等等，在支持女性表达和展现女性智慧与力量上做出了更多探索。在连续5季的对话中，GIADA女性"岩石上的花"坚强与柔美并存的面貌也越发清晰。

在这一年里开设播客的还有知名证券公司华泰证券，其推出的播客《泰度Voice》邀请了对不同行业拥有长期观察的分析师、投行专家、投资人和技术专家讲述时下热议的科技和商业议题。餐饮及生活方式品牌gaga也推出了一档聚焦生活方式的谈话类播客《oh! my ga》，与同样专注在这一领域的从业者对话，例如独立书店主理人、果汁品牌创始人、家居设计品牌创始人，等等。

除此之外，从2021年一直延续到2022年的品牌播客还有户外品牌巴塔哥尼亚（Patagonia）推出的《巴塔客Patagoniac》，邀请户外、旅行、运动、环保领域的资深玩家讲述他们的生活、职业故事。辉瑞中国推出的《Pfizer Express》则是一档探索制药领域最硬核的前沿科学的播客，嘉宾是来自辉瑞各个部门的医疗专家和医学顾问。虽然内容中有许多前沿的医学研究，但切入角度十分普世化，从当代人的健康困扰到影视剧中延展的医疗话题，都能成为节目的选题。在投资理财领域，中金公司推出的《中金研究院》和有知有行推出的《知行小酒馆》也成为品牌播客的热门案例。

从2021年到2022年，越来越多品牌开始认可播客价值。在与受众对话、建立深度连接的过程中，播客成为品牌青睐的重要渠道。

背后原因

首先，品牌播客为品牌提供了形成社区文化的基础。按季创作的品牌播客确保了品牌和受众之间持续"有东西可讨论"，长音频也为话题延伸提供了更多可能。评论、公告、社群等基础设施确保了"有地方可讨论""听众的声音被听见"，提供了创造内部文化（行话、梗）的可能。与此同时，以上所有的内容和讨论都是可以沉淀、可以反复加入讨论的。

其次，品牌播客可以帮助品牌连接特定的听众。播客本身具有的"时间长、内容深度"特性，在获取信息渠道上已经天然筛选出了对于"优质信息、长内容"有兴趣的优质听众。与此同时，品牌通过精心策划的包含品牌价值观、理念的播客故事，能够持续吸引对这些特定话题感兴趣的听众，若两者之间的价值观相契合，则更加容易形成一个紧密的社群。

品牌播客更能帮助品牌建立情感联系。播客"真实感、信任感、陪伴感"的特点在当今的媒体环境中更显独特，所有的访谈细节、对话都是嘉宾亲口所说，不存在过度"润色"的可能。嘉宾亲口讲述的细节和感受能够更好地打动听众，而品牌持续地支持这些嘉宾表达，也使得听众更可能成为品牌的忠实追随者。

播客 2023 十大趋势

2023 年是中文播客蓬勃生长的一年。在这一年里播客内容极为丰富，质量也有了巨大提升。分类功能上线后，小宇宙编辑部对播客的内容趋势进行了更加系统的观察。在这一年里，我们总结了十大趋势，其中既包括内容变化，也包括创作者、创作形式、互动形式。

BEAUTY & EAT & SPORT

Self ♡ Personal Finance $

30

Entertainment Information gap

2023

31

趋势 1　在自我觉察中获得力量

2023 年，在播客领域，听别人说话找到共鸣、于内观中获得力量成为趋势。播客里有太多擅长"聊天"的人，从不同角度切入，以不同的语言风格，陪伴听众觉察感受，理解自己。很多人在自我察觉的过程中，不仅学会了与自己对话，也学会了尊重自己的情绪，从自身找到了面对未来的力量。

在这一年里，与情绪、状态（例如发疯、松弛感、焦虑、躺平、内耗、边界感等）相关的单集搜索量同比增长 120%，播放量同比增长 142%。自我成长类播客的单集数量增长 50%，年度累计收听时长达到 6.8 亿分钟。

代表单集

- **无人知晓**　E10 让万物穿过自己
- **燕外之意**　燕外之意 | 东亚发疯实录
- **凹凸电波**　我的交友观与爱情观：主打的就是一个爱憎分明！
- **除你武器**　妇女节特辑｜妈妈读完上野千鹤子，会后悔生下我吗？

趋势 2　消除信息壁垒，做内行人

播客成为听众打破信息差、置身事内，从职场入门到进阶的宝贵通道。各行各业不同环节从业者的亲述提供一线经验。抽丝剥茧的商业复盘，为思考决策提供有益信息补充，在业余休息时间拓宽全局视野，成为高效率人士的一种工作生活方式。

在这一年，包含内行、信息差、拆解、复盘、创业等关键词的单集搜索量同比增长 232%，播放量同比增长 185%。商业类播客单集播放量增长 193.5%，评论量增长 142%，年度累计播放时长为 7.9 亿分钟。

代表单集

- **美妆内行人**　李佳琦、花西子该如何应对舆论危机？资深公关专家拆解全流程 创见 Vol.25
- **中国好生意**　20 回应争议！独家复盘好望水（望山楂）从 0 到 5 亿规模的成长之路！专访好望水创始团队孙梦鸽 & 夏明升
- **最小单位**　02. 十万就能在商场开一家花店？平均 4 个月回本，她要做中国鲜花零售第一品牌
- **搞钱女孩**　废话小梦：50W 粉的 00 后博主能赚多少钱？考研失败就专心搞钱吧！

趋势 3　影视剧综迷的新园地

上播客"通告"成为影视剧综进行宣发的主流形式之一。优质影视剧综作品的主创纷纷来到播客世界展开对话，讲述幕后创作的精彩故事，以播客寄托视觉语言无法深刻挖掘的灵感和遐思。在主创、主演之外，播客也成为影评人、剧评人创作的阵地。播客逐渐成为发表、检索文艺评论的重要渠道之一。

这一年里话题影视作品的主创、主演在播客里贡献了大量对于创作、角色、表演的思考。在电视剧《狂飙》中引发热议的"老默"扮演者冯兵成为播客《文创 Talk》的客座嘉宾，在这期播客里讲述了"飙戏"时刻极度真实的内心独白。除此之外，还有在电视剧《漫长的季节》中引发热烈讨论的蒋奇明，在《装腔启示录》里圈粉无数的蔡文静，以及在《问心》里展现了丰富角色魅力的金世佳，等等。

在电影领域，《满江红》的编剧陈宇也是播客的熟人。《保你平安》的导演大鹏、《宇宙探索编辑部》的导演兼编剧王一通、《封神》的导演乌尔善、《涉过愤怒的海》的导演曹保平和编剧焦华静，也都给这一年的播客带来了诸多惊喜。在海外电影节引发热议的第 76 届戛纳国际电影节入围导演陈哲艺、王兵，入围第 73 届柏林国际电影节的导演韩帅，也都在播客里讲述了对于创作的独特思考。

2023 年影视娱乐类播客单集播放量相较于上一年同比增长 76%，评论量增长 100%，年度累计播放时长为 4.3 亿分钟。

代表单集

- **三人行不行**　032.《漫长的季节》蒋奇明：希望我人生最后一个角色是善良的
- **智族 Talk**　【068】与诺兰聊《奥本海默》：这一次，我没办法把牙膏挤回管内了
- **快乐亚军 runner-up**　9. 质子训练营 101：一场另类的夏日选秀
- **没折腰 FM**　《消失的她》一部男性电影
- **银屏系漫游指南**　三部电影 Vol.02｜我们为什么喜欢"过度解读"

趋势 4　把自己养好

2023 年，与健康相关的内容大受欢迎。现代都市生活让健康备受考验，年轻人意识到珍惜自己才是当下最有价值的事。从头到脚、从预防到治疗，构建关于身体的系统知识，科学养生。这一年里，包含脱发、失眠、熬夜、近视、肠胃、消化、甲流、HPV（人乳头瘤病毒）等关键词的单集搜索量同比增长 81%，播放量同比增长 165%。2023 年医疗健康类播客单集数量增长 102%，单集播放量增长 389%，累计收听时长为 4,380 万分钟。

在当下的网络环境中，关于医疗科普的信息层出不穷，真假难辨。但播客里仍然有许多执业医生、医学专家、生物医学方向的研究者实名为播客听众传递真正有价值的内容。

代表单集

- [这病说来话长] VOL.36 眼科｜关于干眼症、眼药水、眼底病、近视和近视手术……眼科主任有话说
- [当个事儿] vol.46 关于 HPV，这几乎是最全面的科普了……
- [去病三分糖] Vol.15 解码脊柱侧弯：生活这么难，背脊可得顶住
- [宛平北路600号] 第 21 期 - 纯干货! 秃头有救，关于脱发的最新科学研究与发现!
- [大夫有话说] 插播｜年轻人需要三伏贴、艾灸吗？

趋势 5　修炼财务商业思维

播客听众越发重视学习开源节流，提高自己应对风险的能力，将理财、储蓄、社保、养老等领域的内容当作新通识。而播客里的过来人耐心讲解，在对话中传递、分享常识，不似课程那么枯燥。务实是态度，也是能力。这一年里，包含理财、股票、基金、社保、公积金、副业、保险、记账等关键词的单集搜索量同比增长 175%，播放量同比增长 76%。

代表单集

- [保持通话] EP66 社保退休金原来是这样算出来的，四大因素决定能领多少钱
- [知行小酒馆] E111 令人怦然心动的快乐（存钱）法
- [截胡不截财] EP.22 一线认房不认贷，楼市重回大时代
- [三点下班] S2E9｜裁员降薪大盘点：每代人的困局与破局
- [起朱楼宴宾客] vol.20. 新的一年，介绍一个对投资理财很有帮助的好习惯吧

趋势 6　食物要吃懂

面对海量选择，消费者越来越倾向于养成个人独有品位，做出更为明智的生活决策，了解饮食背后的文化民俗、营养学、烹饪技巧、产业信息、赏味角度。比起"种草"答案，播客更会"种草"思路。这一年里，包含菜市场、预制菜、美食荒漠、0 糖、白人饭、湘菜、面包等关键词的单集搜索量同比增长 82%，播放量同比增长 213%。2023 年饮食类播客单集播放量同比增长 87%，累计收听时长达到 7,260 万分钟。

代表单集

- [厨此以外] 25. 想控一块鸡肚子里香香的鸡油，煎一只刚刚胖死的校之蟹
- [大食话] Vol-48 内行人秘籍：如何科学有效选择营养补剂，告别盲目跟风踩坑!
- [津津有味] 我不允许疲惫的都市白领还不知道超级食物的真相!
- [文武食堂] EP008 中国式散打，眼见为实的新鲜和实惠。打出一片真听、真看、真感觉!
- [七分饱] vol 25 被低估的黄酒：适合冰饮？焦糖色与陈酿勾调如何影响风味？｜绍兴东浦

趋势 7　对美的理解由外向内

2023 年，关于美的思辨越发被重视，视觉传达以外，时尚杂志、艺术机构纷纷选择声音表达。当我们对美的关注从外表转到内在，美有了更深刻、更自由的力量。这一年里时尚刊物纷纷创立播客，尝试用声音与受众对话，其中包括《服饰与美容VOGUE》推出的《早，Vogue》，《智族GQ》推出的《GQ实验室》，Madame Figaro 费加罗推出的《费话连篇》，等等。

艺术名人也将播客作为线上的艺术沙龙。艺术界人士徐冰、刘小东、陈丹青、何多苓、巫鸿，摄影师杜可风、刘香成，《世界时装之苑ELLE》中国版前主编晓雪、《智族GQ》前编辑总监刘冲皆参与到播客创作当中。上海当代艺术博物馆PSA、上海艺仓美术馆、浦东碧云美术馆、阿那亚、K11、假杂志亦开设机构播客，用声音向听众传达艺术之美。

代表单集

- [美西螺与东方巨龙] 127. 古代神话中的女神在今天依旧迷人吗？
- [未来志异] S1E3 不想被身份政治束缚，也不愿参与零和游戏：新一代海外华人艺术家和策展人还有什么选择
- [在场证明] 011 美术馆：看懂艺术不重要，重要的是如何对待美｜对谈 2022 深双总策展人王子耕
- [艺游未尽] vol.24 香港｜尖沙咀散步，在艺术与自然之间

趋势 8　通过声音连接运动同好

运动兴趣社团逐渐在播客里形成。跑步、骑行、徒步、攀岩……向播客主播学习入门知识，和听友切磋爱好，长期收听一档节目的听众不仅在线上共同收听节目，在线下也借着共同爱好成为朋友。这一年里，包含跑步、户外、攀岩、骑行、马拉松、登山、露营、滑雪等关键词的单集搜索量同比增长 104%，全年体育运动类播客单集播放量增长 107%，累计播放时长达到 6,060 万分钟。

代表单集

- [跑者日历] EP200：里程碑式的一期! 我们请朋友一起来分享大家的首马/首赛故事
- [CLUB100 骑行播客] VOL.13 自行车到底如何分类，入门该买哪一类车
- [耐听] S3E9 攀岩到底有啥好玩，值得我们把手皮磨成脚皮
- [鹰眼时间] Vol.51 体育场馆的宿命是办演唱会吗？

33

趋势9 袒露真心的自留地

更多的明星、名人以朋友身份出现在播客中。关掉聚光灯之后，大段大段的自白、日复一日的沟通，在声音里还原真心，勾勒真诚的人格魅力，也吸引了别样的理解支持。播客成为明星、名人与受众建立深度连接的重要桥梁。每期 30 分钟到 1 个小时的时长，足以让听众认识到其更加完整的人格，而非舆论、标签的片面刻画。在这个视觉文化占据绝对主导地位的时代，声音中传递出的个人思考与感悟变得格外珍贵。

2023 年，洪晃推出了全新一季的个人播客《洪晃播客自传｜歪打正着》，在这档节目里洪晃毫无保留地讲述了自己的诸多传闻和争议，无论是婚姻、个人背景还是工作经历。爽朗的性格与真诚的讲述，时常让听众与之深深共鸣。还有奥运冠军王濛的个人播客《透一透》，除了短道速滑，王濛在播客里讨论的话题相当广泛，从哈尔滨旅游、东北搓澡聊到春日露营、动物救助。那个在人们心目中锋利、无畏的"濛主"身上也有很多不一样的关注点和思考。

代表单集

`洪晃播客自传｜歪打正着` 歪打正着 -32- 时尚圈著名恩怨局

`透一透` Tou#004 奥运冠军王濛：运动员的尿检能有多尴尬？

`迎任而解` Ep.51 微优雅生产 上集

`姐妹悄悄话` 姐妹悄悄话 EP129：曾经我也是恋爱脑的傻女孩

`佟晨洁的"正常生活"` 拍了三年的《繁花》终于上线！聊聊作为演员的兴奋与忐忑

趋势10 "论文式"播客创作

创作者秉持着探索、考据的精神对感兴趣的议题进行深入挖掘、梳理、消化后以讲述的形式传递知识，这便是"论文式"播客创作。无论再长的目录，再多的表格导图……只要有人认真钻研，有人好奇求知，出色的内容作品就这样共同构筑。

2023 年，我们看到了许多创作者以这样的方式打造了大量信息翔实、论述完整、观点丰富、制作精良的优质单集，为听众打开了一扇通向全新领域、全新议题的大门。

例如，由知名影评人 magasa 推出的播客《电影巨辩》在侯孝贤导演宣布因病退休之际，推出了特别单集《10.论侯孝贤》。在这期长达 167 分钟的节目里，主播们不仅分析了侯孝贤导演退休的前因后果，更是以类似"论文综述"的方式介绍了海内外学者、杂志对于侯孝贤创作的研究。在此之外，主播们也分别阐述了个人对于侯孝贤作品美学的分析，甚至逐一分析了侯孝贤不同阶段的作品和创作特点。在评论区有听众留言道：从暗夜一直听到天光大亮，心里有无数感动；也有听众留言，希望主播们能附上更多参考文献以供学习。

此类创作不仅在内容制作上别出心裁，在呈现上也力求让听众更加清晰、易懂地理解。许多节目甚至在单集的简介里附上了详细的图表、数据和实拍图。

代表单集

`电影巨辩` 10.论侯孝贤

`面基` E21.中产，一个阶层的自我修炼

`剧谈社｜翻译艺术品` Vol. 49 巫师、帝王、文人的山：探秘五千年来山与石的神学和美学

`高能量` Vol.88 宏观漫谈 39｜年终特辑：如何看待今天的中国与世界

群访

Why Podcast?

沈晓雯 ♀ ENFP / ENTJ
对人类比较感兴趣的一个出版编辑

- 2018 年入坑 / 每日收听 30~60 分钟
- 常听 `无聊斋` `展开讲讲` `张春酷酷酷`
- 播客对我来说是在互联网自主选择的朋友

近期有启发的单集：

张春酷酷酷
《020｜只要活得够久就会有很多不告而别》

▶ 94:06

太少有地方可以让人完整地讲出一个故事。普普通通的失败的自己，不值得大声讲出来的幽微岁月，被深埋起来了。这一期播出的时候正好是春节回老家，祭奠一位挚友，在墓碑前大哭，却无法和任何人诉说，曾经共同的回忆似乎除了他和我就没有第三个人知道。这一刻的看见和记录，会给人补上一个缺角。

播客的特殊之处：

像理想状态下人和人之间的正常对话。《梁文道·八分》有一期和作家李娟聊"什么是纯粹的写作"，那是一场久违的、真正的对话，两个人都怀着小心翼翼和真诚，好到有点超越了现实。隔着遥远的距离，我感受到他们看见了彼此。

沐昀 ♂ INFP
互联网行业打工人，有时是个背包客

- 2019 年入坑 / 每日收听 60~90 分钟
- 常听 `忽左忽右` `不合时宜` `从菜街到厨房`
- 播客对我来说是抵扣读书债的代金券

近期有启发的单集：

忽左忽右
《161 贝鲁特重建亲历记》

▶ 99:20

黎巴嫩是后疫情时期我去旅行的第一个国家。出发前听的这一期播客，是前三联主笔刘怡对他在 2020 年贝鲁特大爆炸后旅行采访的回顾。当时黎巴嫩处在金融崩溃、港口爆炸和疫情的三重打击下，但他仍然见到一群努力重建城市的年轻志愿者。当我亲临时，他的所见所感得到了印证。尽管汇率暴跌、大爆炸后的港口依旧满目疮痍，但黎巴嫩并没有发生社会秩序和道德的崩解，本地人尽力自发地互助，在缺水断电的情况下，努力让贝鲁特成为一个破败而优雅如昔的国际都会，这让我体会到一个健全的公民社会的可贵。

播客的特殊之处：

解放了双手双眼，让人在无法阅读的时候也有收获。对于互联网行业打工人来说，能够不看屏幕、不敲键盘是很奢侈的事。同时，当我已经把最多的辰光消耗在"机械式劳动"上，对于"意义"就会有很强的饥饿感，所以听播客的时候也会偏爱知识密度高的讲座，或者不可能亲临现场的访谈。

tratra ♀ `ENTP`
互联网行业打字员，一个从热烈事物中盗取生命力的小偷
- 2021 年入坑 / 每日收听超过 120 分钟
- 常听 `史蒂夫说` `蜜獾吃书` `黑猫侦探社` `世界莫名其妙物语`
- 播客对我来说是电子Mentor

近期有启发的单集：

史蒂夫说
《377期-严艺家-理想的婚姻像战争博物馆》
▶ 124:19

这一集名称看起来好像在讲婚姻，但实际上信息量很大，提到了原生家庭对人的塑造、伴侣的亲密关系、青少年教育以及自我成长，等等。让我印象很深的是嘉宾严艺家从心理治疗师的角度，洞察到现代社会的青少年问题，听完她讲述"青少年是失权的一代"这个观点，我开始以新的视角去看待身边的年轻人，并对他们多了一些理解。

播客的特殊之处：

它是一种匀速接收信息的内容形式，在我的感受中播客比文字和视频都离我更近。

我不跑调 ♀ `INFJ`
播客《小心地滑》主播，公众号"播客荚"主理人
- 2020 年入坑 / 每日收听 90~120 分钟
- 常听 `随机波动` `无人知晓` `Radiolab`
- 播客对我来说是一间可以随时进入的私人房间

近期有启发的单集：

Reply All
《#158 The Case of the Missing Hit》
▶ 56:10

这是一期美妙的节目，主播 PJ Vogt 根据听众的来信咨询，一步步寻找一个人大脑里的音乐片段到底来自哪里。我喜欢节目里传递出的探索欲和好奇心，它们让收听过程变得有趣又好玩。

播客的特殊之处：

如果是以前，我会说播客在亲密感、信任感和温度层面区别于其他传播形式。但现在我觉得播客的魅力是通过声音让人完全沉浸在另一个世界的故事里。

---

tag ♂ `INFJ`
一个近似于司机师傅、开锁师傅的平面设计师傅
- 2019 年入坑 / 每日收听 30~60 分钟
- 常听 `螺丝在拧紧` `一天世界` `反派影评`
- 播客对我来说是一股愉快的耳旁风

近期有启发的单集：

滅茶苦茶
《CD 侧标论》
▶ 40:19

滅茶苦茶（已停更）是一档关于日本文化研究的播客，这一集谈及对 CD 侧标的爱恨。这类将日常边角料作为切入点的话题十分迎合我的收听兴趣。让我印象很深的一个冷知识是"侧标"（日文：带、おび）与和服上的"腰带"是同一个词，是指近似的包裹与打开行为。由此引出讨论，侧标除了满足收藏心态，也许还有别的解释可能：包住是为了打开。得知这种隐秘的联系让我觉得非常有意思。

播客的特殊之处：

声音是最轻的信源，没有实体也就少有负担，适合碎片化的时间里悠闲收听。同时声音带有非常个人化的特质，相较于铅字，更容易让人感到亲切和连接。

有才的包子 ♀ `ISFP`
研究生在读，努力去感受所有
- 2023 年入坑 / 每日收听 60~90 分钟
- 常听 `有关紧要` `首尾相撞` `about热水频道`
- 播客对我来说是思绪的纺纱机 + 撒在平淡日常上的黑胡椒粉

近期有启发的单集：

about 热水频道
《鸟门，2024 最值得打开的门 | 008 观鸟》
▶ 57:20

实习期间，我在早晨通勤路上听到嘉宾念《悉达多》："从前，我从未在场，对周遭的一切熟视无睹，而现在我归其中……"然后我抬起头，周遭的一切变得闪闪发光，突然切身体会到了生活中的在场感。

播客的特殊之处：

不受场景和时空的限制，能以较轻松的方式深入剖析话题。声音是一种很特殊的媒介，即使素不相识，也能建立起一种情感连接，不同于视频的视觉刺激，音频是一种环绕周身、润物无声的温暖。

阿艺啊 ♀ `INFP`
一个独自住在海外小岛上的纠结的人
- 2020 年入坑 / 每日收听 60 分钟
- 常听 `东亚观察局` `菠萝油子` `得意忘形`
- 播客对我来说是心理医生

近期有启发的单集：

大内密谈
《vol.1048 浪谈日本漫画黄金时代 / SIDE A》
▶ 95:00

嘉宾的讲述和日本漫画的历史一样振奋人心。

播客的特殊之处：

很像和朋友聊天，可以很深入，很放松，抵达一些人烟稀少的境地，这一点很有趣。而且不用眼睛。

▶ #2 声音的创作者

生活在
语言里

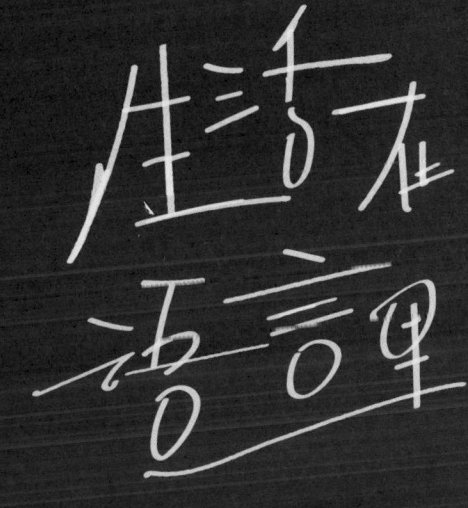

声音背后，主播们的现实生活是怎样的？

about编辑部邀请6组播客创作者，用胶片相机抓拍他们自己的生活碎片（没有滤镜和修图），这些有趣的灵魂会记录下什么呢？

企划/编辑　杨慧 黄洁娴

小房间（粤语）

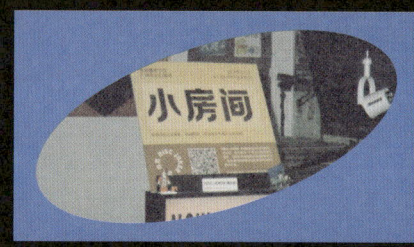

关注广州及大湾区本地青年文化的粤语播客，由黑胶唱片店迪士乔克（DISC JOKER）出品。

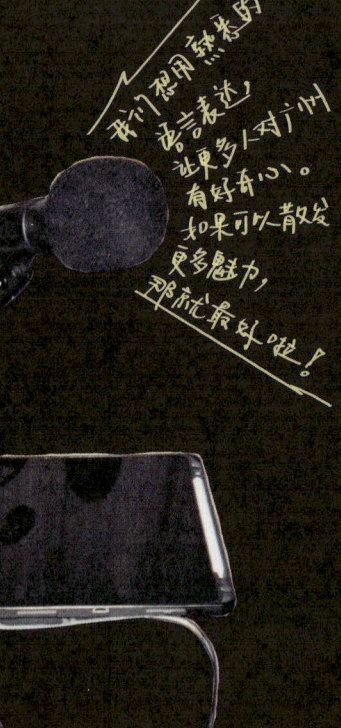

@ZENBI 选择做一档粤语播客，就是选择了一条更难走的路。但是，在我们生活的城市中，粤语包围着我们，渗透在方方面面，它代表着广州这座城市的气质。

我们想用熟悉的语言表达，让更多人对广州有好奇心。如果可以散发更多魅力，那就最好啦！

KINGS OF CONVENIENCE

FRUITYGROOVE
16:00

DISC JOKER
Pioneer DJ

DISC JOKER

DISC JOKER
黑胶唱片铺
& 播客现场
DISC JOKER
ON AIR
NOW PLAYING

由《看理想》新媒体部出品的谈话类生活文化播客，a.k.a编辑们的午饭闲聊精选集。

没理想编辑部

@林蓝

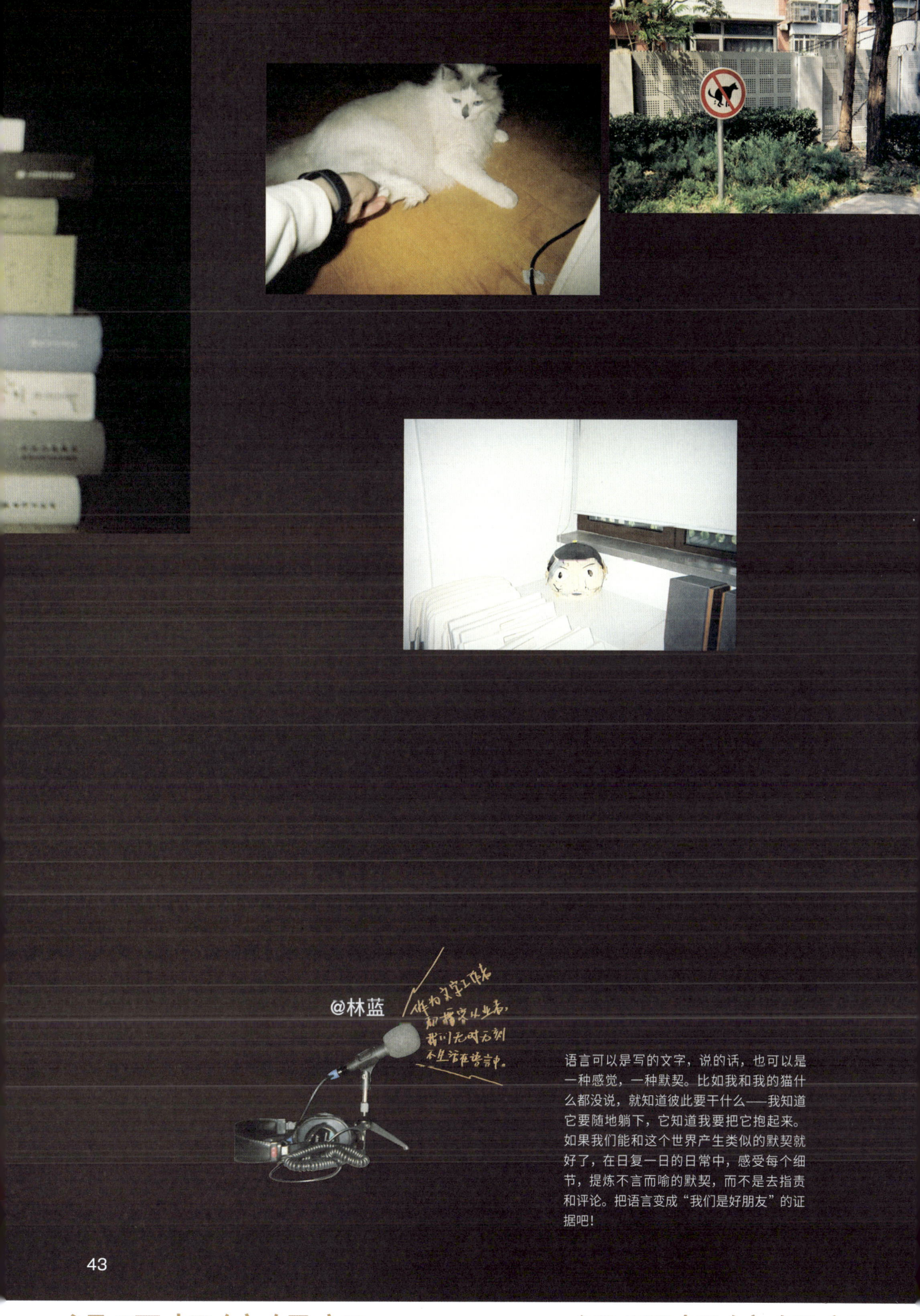

作为文字工作者和播客从业者，我们无时无刻不生活在语言中。

语言可以是写的文字、说的话，也可以是一种感觉，一种默契。比如我和我的猫什么都没说，就知道彼此要干什么——我知道它要随地躺下，它知道我要把它抱起来。如果我们能和这个世界产生类似的默契就好了，在日复一日的日常中，感受每个细节，提炼不言而喻的默契，而不是去指责和评论。把语言变成"我们是好朋友"的证据吧！

1111威耳社耳

由三位处在人生二十多岁阶段的女性发起的闲谈播客。

@莓莓
@腹稿

我的无声密条——一种比声音更自由，也更具纪律性的纯粹的语言空间。

2023年初，我们三个在洛杉矶建立了一个属于我们自己的"声音小窝"。一个高度重合的"对话空间/语料库"由此诞生！

声音既是我们试图理解关于现实中悬而未决的生活的催化剂，也是抵挡我们寻找意义过程中荒诞和焦虑的筹码。讲述本身成为精神与物质世界之间的传声筒，在声音交锋的过程中无限延展。

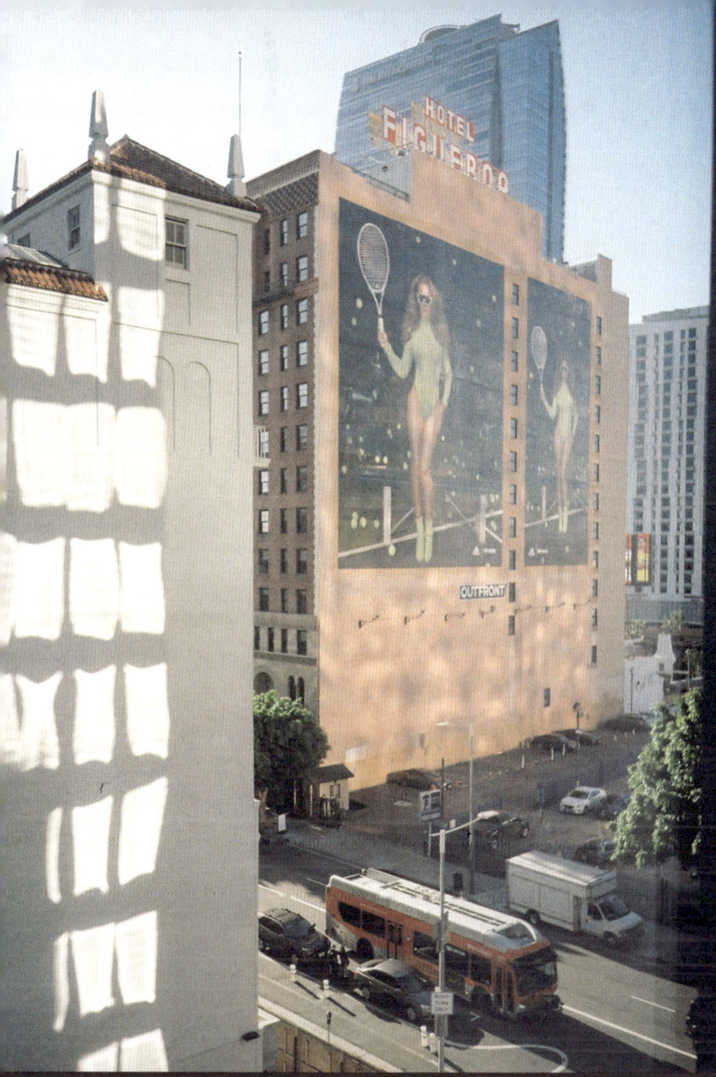
HOTEL
FIGUEROA
OUTFRONT

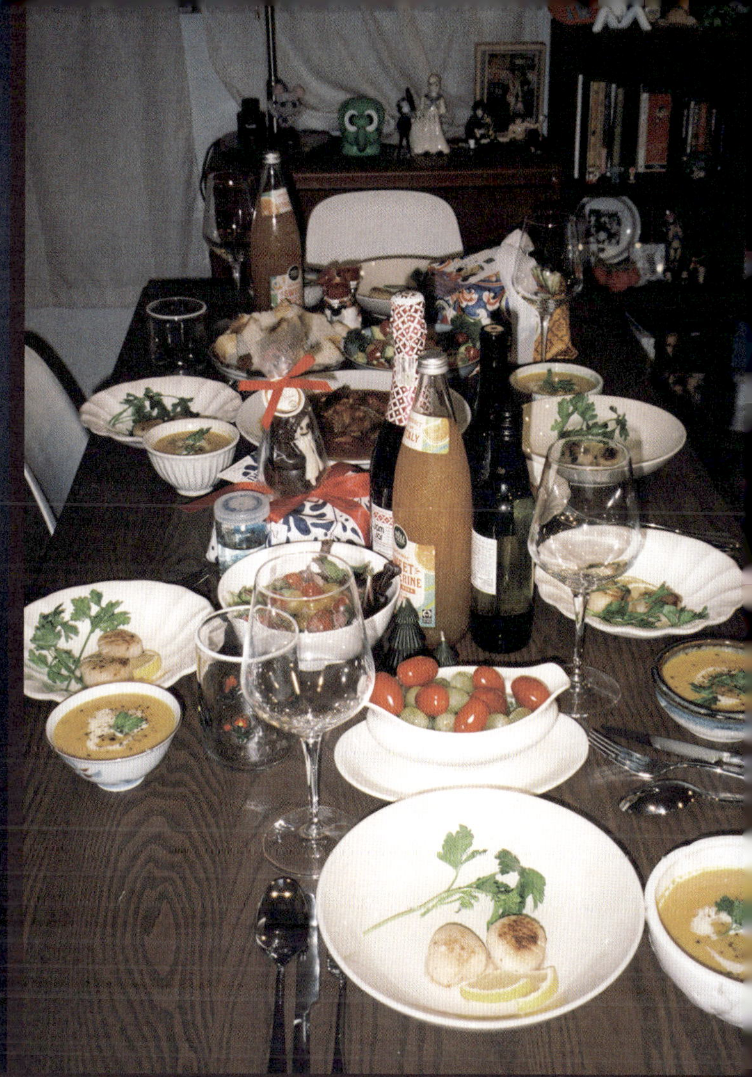

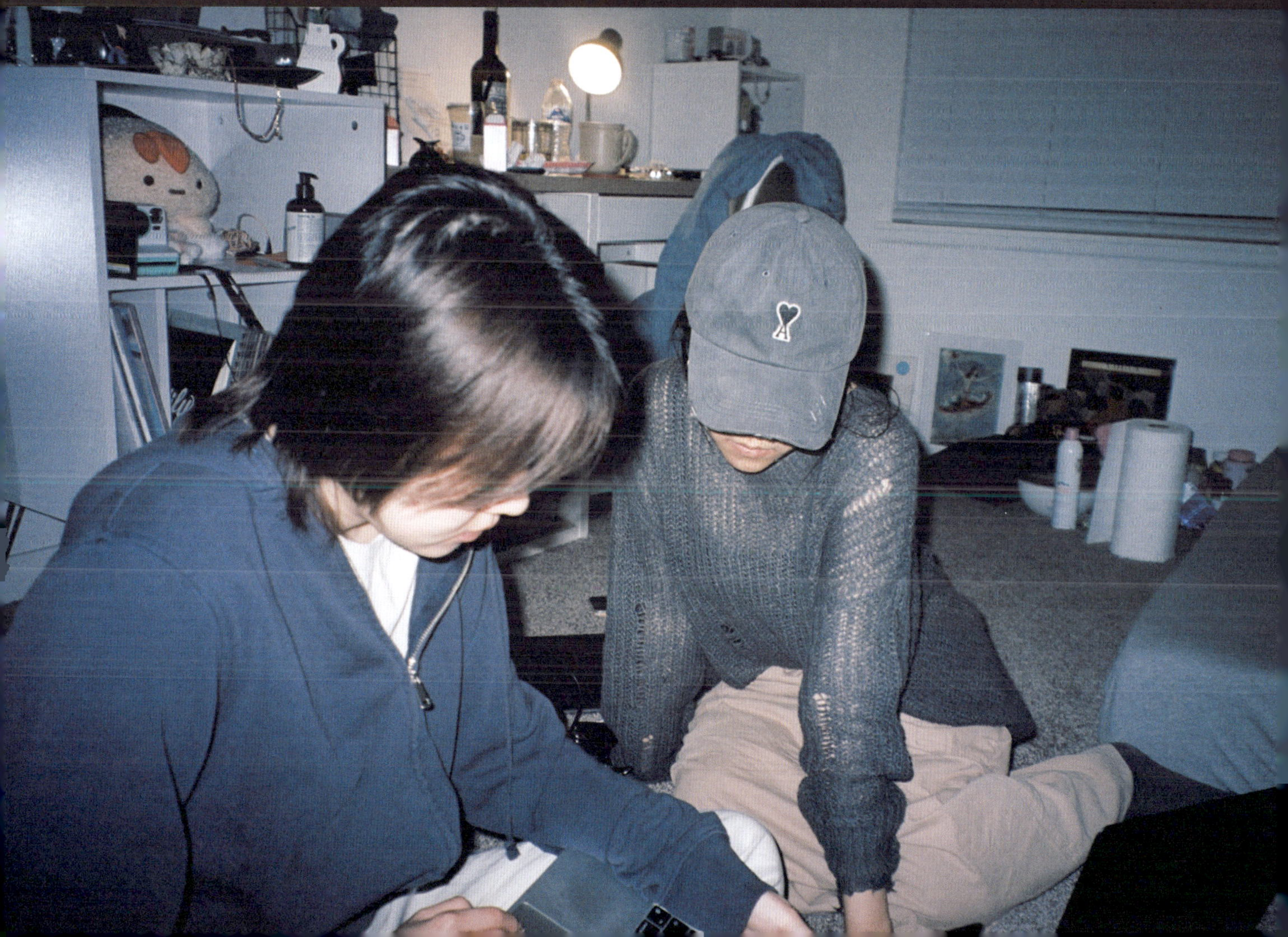

高贵FM

高贵FM

高贵FM

由《小高的岛》主播高嘉程
和《真实的人类》主播曹富贵儿搭档主持。

高贵FM

@高嘉程 小时候我一直都不喜欢自己的声音，因为从我自身听到的声音来讲，我总觉得它怪怪的。可具体怪在哪儿，我也说不清楚。在我反复观察别人数年之后，从未得到"你声音不好听"的评价，大概就适应了吧。开始做播客之后，有时我会想，我说的这些事情有意义吗？我心里的那些声音，真的不是只有我自己听见比较好吗？

这些声音困在我脑子里的时候，经常搞得我心烦意乱。可当它变成一期节目，却被人给出了完全不同的评价。或许这就和"我听到的自己的声音，和别人听到的不同"是一个道理。

@曹富贵儿 如果一切都有维度，视频其实是一维的，我们是进度条上的蚂蚁，只能前进后退，从头到尾。阅读则是二维的，你可以一目十行，在一个平面上目力奔驰，三维恐非声音莫属。

播客的声音不仅是一段音频，更是"场"，每次我"尽简而剪"，哪怕是一些空白也留下，声音越完整，越能重现对话的时空。听者戴上耳机，我希望能将其带到我们有说有笑的那个下午。

而人的声音更有意思，它可以"寄生"在文字里，常有听众说，看到我写的东西就已经听到了我的声音，那必定是一段语调激昂、节奏疯癫、结尾处咬牙作恨的声音表演。

感谢匿名的倾听者们，你们都是我的树洞。

我很爱，很爱啊。

DAYBED

常驻主播姜波拉与Holagala是在居住领域从业十年的
资深内容人与设计师，
会不定期邀请热爱生活的朋友及建筑、居住、人文艺术领域的
专业人士和跨界嘉宾来聊天。

@姜波拉 DAYBED 收到了一份来自about编辑部的云订单，我们给开了一张实体小票。

这张小票的信息由AI生成，再经过打字机打印出来，将最新的语言用已经被淘汰的旧方式呈现，就像我们很多好品味的听众也会带着旧家具去开启全新的生活。

语言在沉睡，在新旧时空中传送，化作生活的真实体验。

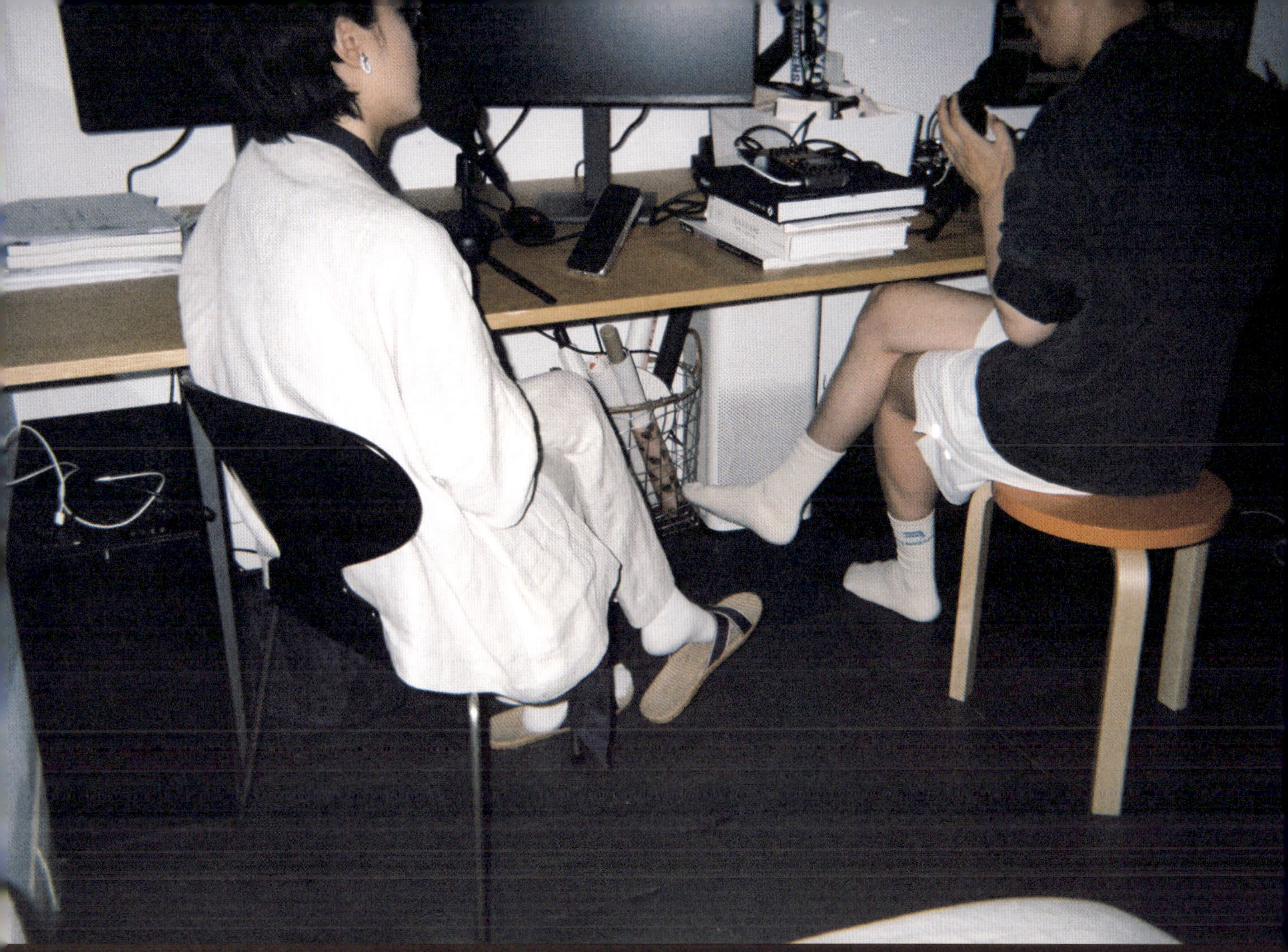

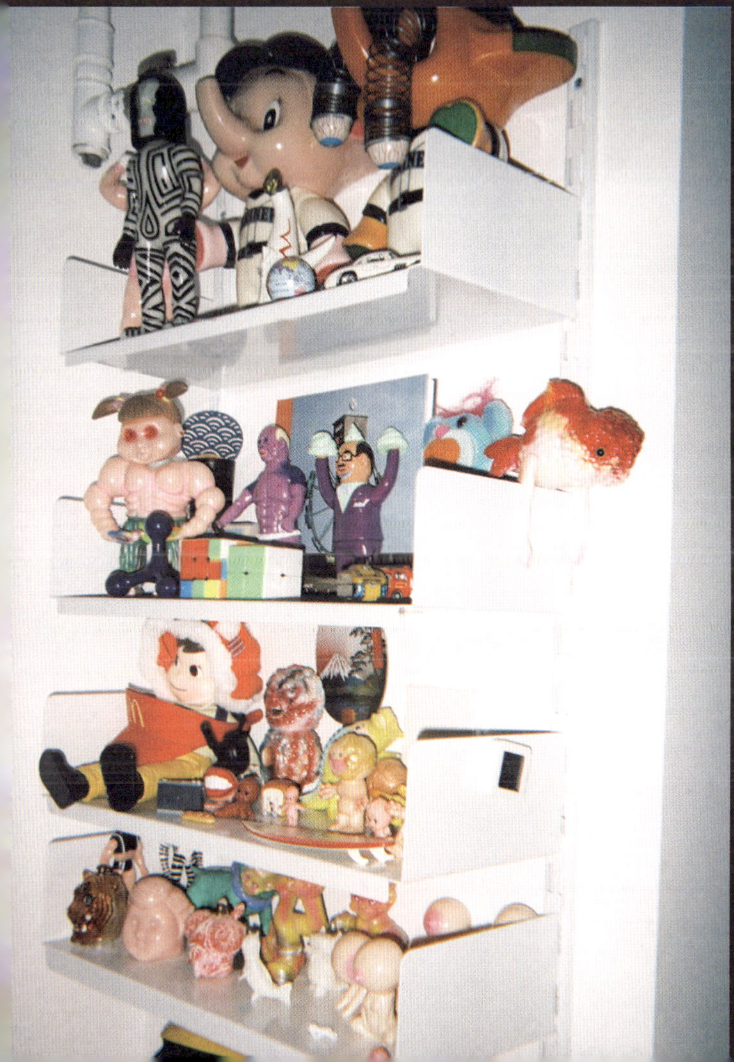

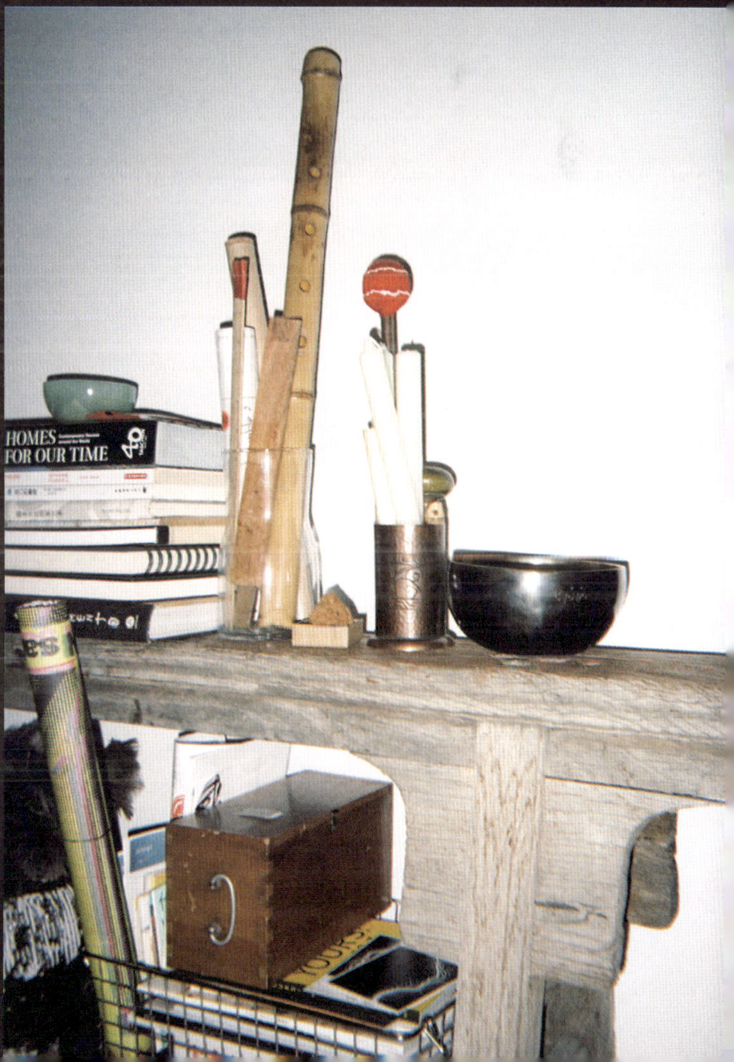
HOMES
FOR OUR TIME

50

51

这组作品名为"无关紧要的消息"。

曝光补偿

一档以摄影为话题展开的泛文化型播客，内容从摄影出发，讨论社会、艺术与互联网现象。

@Tim 我偶尔会被一些散落在野外的岩石吸引，这些岩石表面有复杂而特殊的纹理。我时常幻想这些纹理其实是一些信件或是一些信息。于是在感受和假想的基础上，我拍摄了这些岩石，作为一系列无意义、无关紧要、无人在意的消息。

杨大壹：
请多多指教

Profile

杨大壹

媒体人，播客《文化有限》《多多指教》主播。

采访&撰文 / 林炜鑫　　企划&编辑 / 杨慧　　拍摄 / 林旷羽　　场地支持 / 北京白塔書院

"你跟我聊天时，觉得我能量高吗？"4月末北京的胡同院子，杨大壹举起杯子喝了口水。采访已经进行了近一小时，他平静地靠在椅背上，说话始终保持在同一个声调："我平常就这样，我的能量会放在录《文化有限》的时候。"

《文化有限》是杨大壹与朋友超哥、星光一同创办的泛文化类播客，每周二固定更新，给听众分享一本图书或者一部电影。开播4年多，多次入选各平台的年度热门播客，全网订阅听众累计超过100万。

《文化有限》是三个人友情的副产品。"我们最早是一个公司的同事，哪怕离职后关系也很好，2019年秋天我想做个广播或电台节目，我们在微信群里投票，最后取了名叫《文化有限》，其实没想太多，就是想互相督促阅读。"

关于这档播客是怎么来的，杨大壹分别向许多记者讲过差不多的故事。每个采访，他总会面对这些问题。他理解媒体对故事的需求，而自己又是讨好型人格。不过这次，他总算松了一口气，"谢谢你们没问这些"。

作为目前最成功的中文播客节目之一，杨大壹说他们没有秘诀，就是运气好，而运气很重要。

开始做播客时，三人都有本职工作，只能在工作日晚上或周末凑出时间来录节目。杨大壹会用随意、轻松来形容录制的全过程。准备一期节目，通常提前两三周在三个人的群里讨论选题。最近有什么想看的书——这是唯一的标准，杨大壹在出版行业待过几年，他提的书单最多，超哥排第二，而星光总是乐意配合他们。他们很快就决定了，然后各自回去读书。

读书是最重要的准备工作，杨大壹每周读一本，雷打不动。他是这档节目的内容策划，就是那个拍板的人。超哥戏称他为"大EO"——如果这节目是家公司，那他就是CEO（首席执行官）——而其他主播最初的困难主要是"按时完成大EO的作业"，有时因为书太厚，差点儿就没读完。

杨大壹经常被问到，读书有什么方法，其实是想请他说说，怎样可以读得又快又多。他却说，自己就是一个字一个字地看，没别的。非要说出什么，他想了想，就是会在书上画线。那些让他有感触，或者很喜欢的段落，他会做标记，也是为了方便在录节目时查找。

正式录制前，三位主播会列一份提纲，他们轮流承担这项工作。提纲会有7~8个问题，包括节目的几个固定环节。杨大壹是这档播客节目的主心骨，维持了节目的水准——其他两位主播都给予了高度评价，要是没有他，节目可能随时停更。

今天在讨论创作时，我们仍会思考这个问题：一个创作者想要持续稳定地产出，应该付出什么？杨大壹觉得"付出"这个词言重了，在他的叙述里，关于创作的一切很普通，普通得让人怀疑，他是不是有所隐瞒。事实很简单，他就是喜欢播客，愿意花时间做播客，做完一期接着一期。

▼ 采访当天杨大壹带来一本近期在读的书——《长日将尽》（石黑一雄，上海译文出版社，2023）。

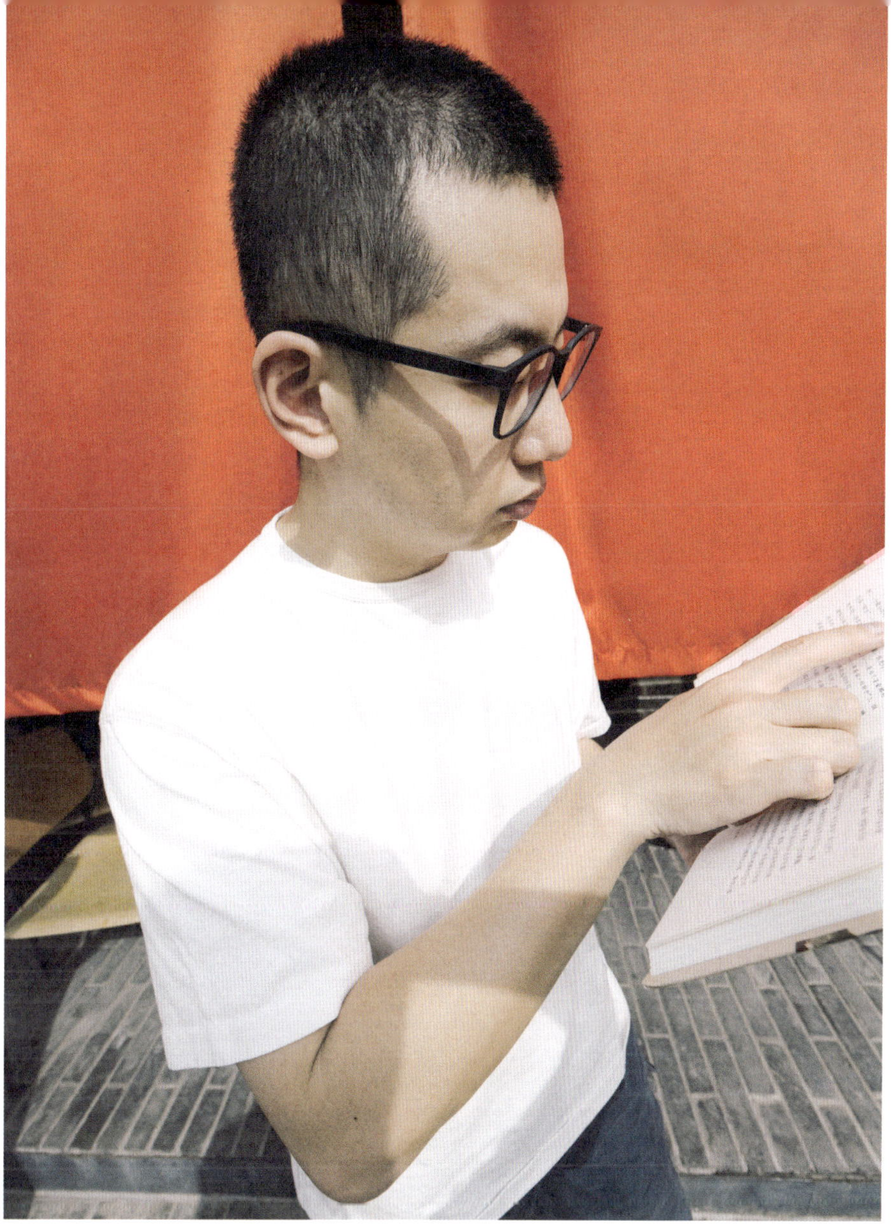

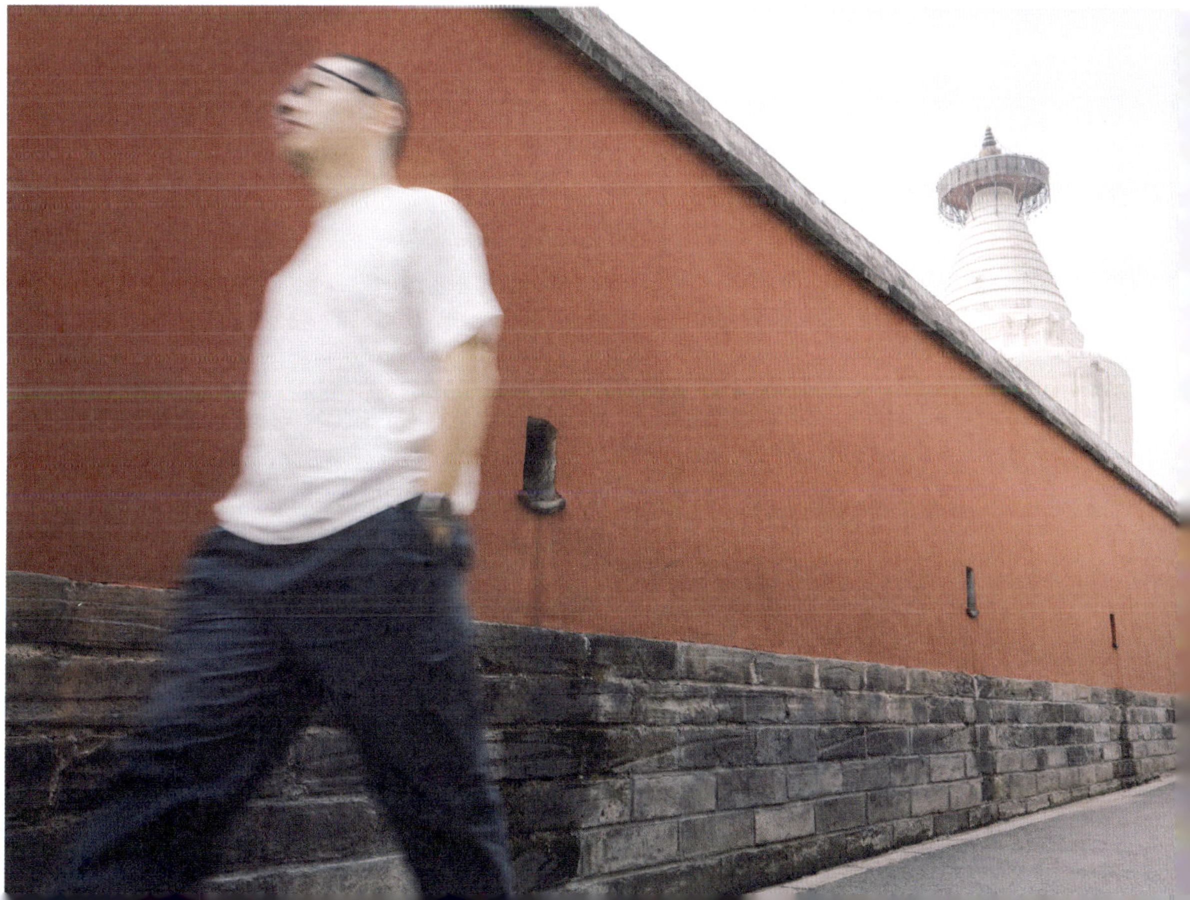

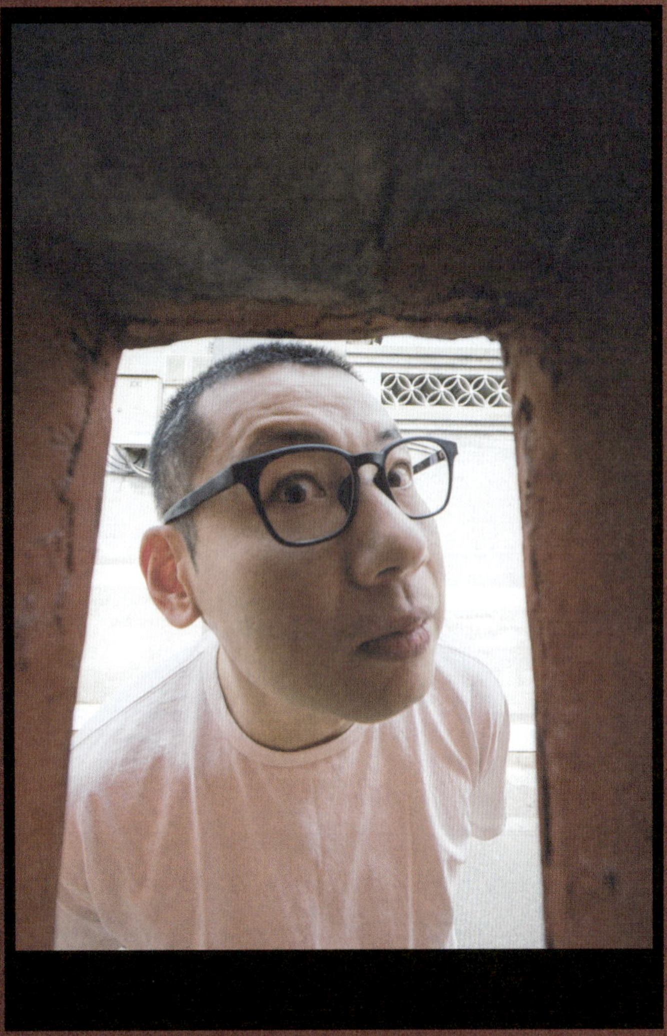

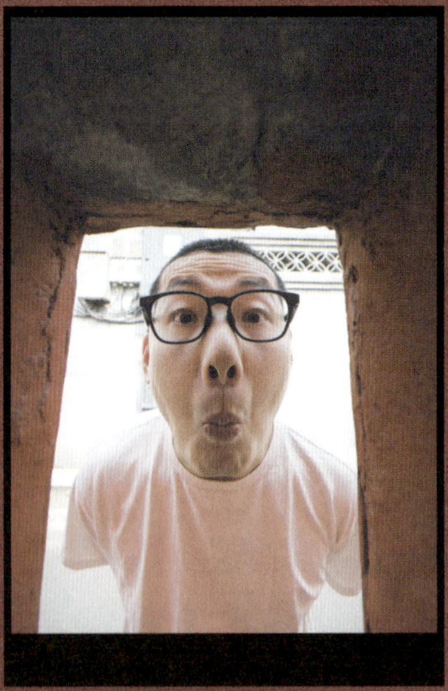

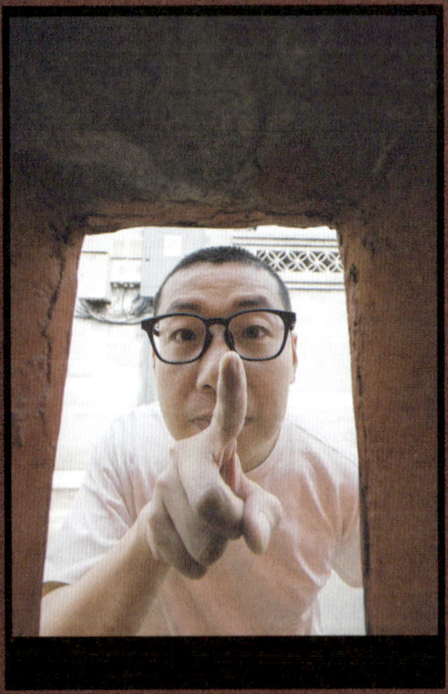

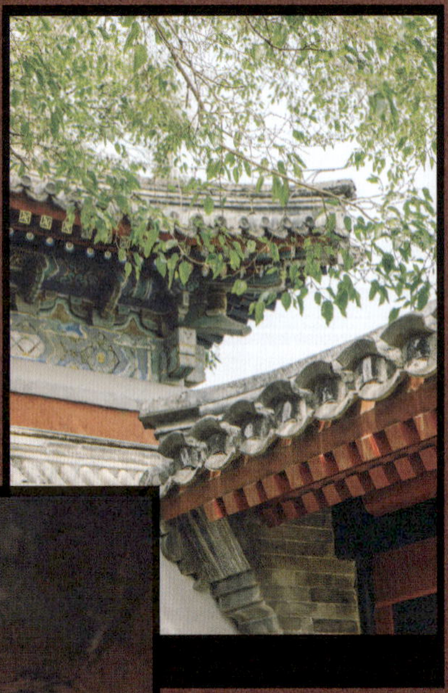

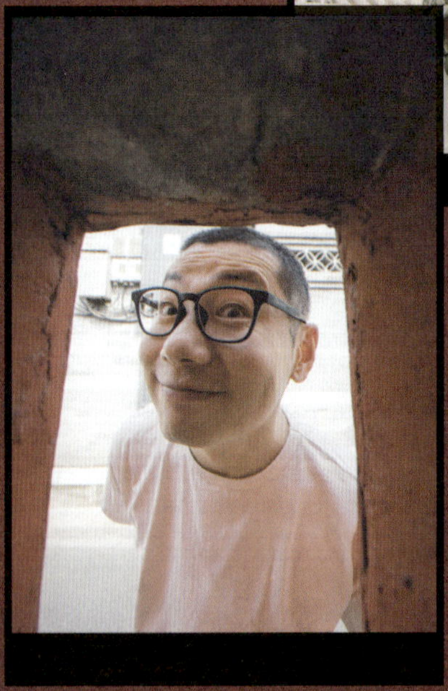

梁文道的编辑

十几年前，杨大壹在北京一所理工科院校念书，他很快发现自己对所学专业没多大兴趣，为了凑满毕业需要的学分，他只好去修其他专业的课。《中国文艺理论》《中国古典小说赏析》——他至今记住的都是文科课程——有段时间他几乎是一个法学院的学生，听许多法学教授讲课。杨大壹对其中一个老师说："我对自己的专业没兴趣，但听您讲课挺有意思的。"那个老师想到自己有一名学生是在媒体行业工作，便将杨大壹介绍去实习，"去看看文科工作是干吗的"。

毕业之后，杨大壹进入一家新闻网站当编辑。网站隶属于一家事业单位，每个人手头的活都不多。他记得那会儿分为早班和晚班，早上8点到公司，8点30分时他就把当天的工作做完了。非常闲散，他说，有时候某个栏目想约稿，他就给某位作者发短信，或者打电话。一个编辑一周需要约1~2篇稿件。不一定非得约有名气的作者，市面上有许多专门写评论的人。他当编辑的另一项工作就是转载，这就更轻松了。单位有一个资料库，抓取了各个新闻网站的文章，需要时用鼠标操作几下，组一个专题，就完事了。

稍微有难度的工作有吗？那就是自己写新闻评论。上班前，他甚至没听过这种文体，只好一边上班一边学着写。他找到一本叫《常识》的书，翻了几页觉得很有意思，"里面的文章既像写新闻，又像写身边的事情，还有作者自己的观点和经历"，理想中的新闻评论就应该长这样。现在他回想起那本书，觉得"那是我生命中很重要的瞬间"。那段时间他写了很多评论，很累，但也很有干劲。

《常识》的作者叫梁文道。有一次，杨大壹以记者身份去参加一次图书活动，在北京中关村的书店（现在已经倒闭了，但他还记得这家书店）。他坐在前排，听台湾作家骆以军聊新出版的小说，而主持人就是梁文道。随后的签售会上，一半人是骆以军的粉丝，另一半则是冲着梁文道去的，大家默契地排成两个队伍。杨大壹加入了梁文道面前的队伍，手里捧着一本梁文道的书。一个男生站他前面，轮到时问梁文道："有什么方式能联系你，加个微信吗？"梁文道摇了摇头说："真是非常抱歉，我这个人平时不太看手机，也不太用社交软件。"

杨大壹还记得梁文道补充了一句，有的时候可能连我家人都找不到我，只有我的编辑能找到我，真是抱歉。

"我那会儿就在想，梁文道的编辑得是什么人，全世界只有他能联系到梁文道。如果每天能和梁文道一起工作，你得收获多少东西。"杨大壹说。

又一回见梁文道也是在一次图书活动上。梁文道出了新文集，在现场做了一场名叫"底线"的演讲。在观众提问环节，杨大壹鼓起勇气举手——"那是我第一次跟他真正交流，我在台下还颤颤巍巍的"。他问："每天都有大量的负面新闻，作为媒体从业者——我都不敢称自己为媒体人。梁文道先生，你觉得我们可以怎么办？"

梁文道回答："坦白讲我也不知道该怎么办。"

现在，杨大壹清楚这是梁文道特别常用的回答方式：我也不知道。但在回答时，梁文道会帮提问者分析我们为什么会走到这一步。杨大壹说，因此年轻人愿意将梁文道视为某种意义上的人生导师。

这两次经历，让他对梁文道产生了很大的好奇与好感，他希望向这个人学习，不过真的有机会时，他犹豫了。那是几年前，梁文道参与创办的公司"看理想"给他抛去橄榄枝。他有些拿不准，"特别担心任何事情离近了，都不壮观"，因为他在工作中遇到太多声名远扬的文人、媒体人"对身边的人并不好"，他担心自己对梁文道的滤镜也会破碎。

可是让机会就这样错过，他觉得自己会后悔。于是他把简历投过去。面试的时候，他在会议室坐着，梁文道迟到了一会儿，进屋后第一时间朝他鞠躬、握手，再为迟到道歉。"我心想这人不是老板吗？他这样让我觉得亲近许多。他叫我杨先生，后来熟了就叫大壹。"

这次面试让他印象深刻，顺理成章地，他加入了这家公司，与职业上的偶像一起开会、工作，最后成为他的编辑。

57

5000小时

现在，许多人知道梁文道给杨大壹带来了巨大的影响。许多人说，他们俩长得越来越像了。在一场活动上，一位读者告诉杨大壹，老是听"道长"提大壹，这下总算见到真人了。杨大壹反问读者，你感觉怎么样？对方想了会说，跟"道长"有些像。

梁文道甚至影响了《文化有限》。当初想做这档播客，一个原因是杨大壹在给梁文道、马家辉等人的音频节目做编辑，"指导"那些人做内容——"我既不是学新闻的，也不是学中文的，虽然干过媒体，但也是半吊子，我没信心去做这个工作。"——他唯一想到的办法就是，自己去做一档节目，从头到尾走一遍，如果做得还行，或许可以将经验复用到日常的工作里。

"没有梁文道，就不会有《文化有限》，也不会有我的今天。"杨大壹说，"他对我的影响是生命级别的。"从梁文道身上，他学到最重要的一点便是，从不重复自己。梁文道做节目，从《开卷八分钟》到《一千零一夜》《八分》，再到《八分半》，几乎没有重复的内容。在前一个节目里讲过的书，下个节目就不会再出现。即便是同一个话题，比如调休，以前聊过，时隔几年又聊也一定会找新的角度。

重复是许多播客同行做久了以后会面临的困扰。他发现，一些播客聊生活类话题，聊到最后都会落在"人要自洽，要跟自己和解"。不用说听众，光是主播自己谈两三次，就会感到没意思。避免重复，即避免让自己对正在做的事情感到厌倦。

在做《文化有限》时，杨大壹逼迫自己一定要想到之前自己不知道的事情，而这也是三人的共识。每次读书时，他会思考两个问题：这本书该怎么聊？这本书与我现在有什么关系？

他尤其注重节目与当下的联系。"有些事情是我们这个节目一定要做的。"他说。2022年底，他们在一期节目里与听众分享了一本短篇小说集《今夜通宵杀敌》。书里有一个小故事，写的是一名乡镇青年在大城市当建筑工人，看着衣着光鲜的白领们，从他亲手盖的漂亮公寓进进出出，忍不住羡慕起来，但旁边一位大哥拍着他的肩膀说："你别天真了，这是城市的郊区，他们也不是大城市核心的人。"杨大壹很喜欢这个故事。"我们讨论什么才是这个城市，以及这个时代的大多数人，我们应该做什么才能与同时代的人站在一起？"

杨大壹做播客还有一点小心思，其实他从小就对声音感兴趣。小时候那会儿，流行的是广播与收音机。他喜欢在父母去上班之后，一个人在家听广播，让收音机里的声音填满整间屋子。节目有很多，新闻、交通、相声、评书、音乐和广播剧，怎么也听不完。

播客像是广播在这个时代的新的化身。在学生时代，杨大壹见证了国内几波播客热，用来听节目的设备也从收音机变成了电脑与手机。耳机里那些熟悉的声音，就像朋友之间的闲聊，让他感到特别亲切。他认识许多主播，每天都在听大量的节目，单是在一个播客平台，他就收听了大约5,000小时。"我是把朋友的播客当作他们的朋友圈，时不时看看他们在干吗。"他说。

回头来看，《文化有限》几乎与目前主流的播客平台一起成长。2020年开始，《文化有限》的名字经常出现在各大平台的首页推荐里，订阅量也水涨船高。小宇宙App每年会给一些播客发奖牌，上面印着订阅数，杨大壹记得第一年奖牌上的数字是14万，第二年是38万，第三年则变成了76万。

杨大壹认为，播客的优势在于陪伴感，而声音比文字强的是，能够记录聊天时的氛围与情绪，"听众可以听到主播今天的声音状态，他们思考问题的时间，是否结巴，或者沉默，这些很重要"。因此至今他都坚持自己剪辑，并未将这项工作外包出去——只有自己最清楚哪个时刻的沉默是珍贵的，应该留下的。

58

59

保持距离

长久以来，高产是主播杨大壹给旁人的第一印象。除了《文化有限》，他还在做一档自己的播客《多多指教》，找身边的朋友聊一聊关于创作的事情。有时你还会在其他播客节目听到他的声音——他经常"串台"，像串门一样去这些朋友的节目聊两句。在众多头部主播中，杨大壹肯定是属于最勤奋的那批人。

除了播客，还有一些公开活动，大多数时候他都是和人待在一起。他发现自己很享受舞台，也享受与大家一起聊天。他不擅长拒绝，总是尽可能满足朋友的要求，就当是帮个忙。此前这些事几乎都在下班后进行。上班时他忙着上班的事情。很长一段时间里，他觉得这种生活也还行。他是那种对工作几乎零内耗的人，拿写文案来说，别人可能会拖延，会因写不出来而痛苦，但他不会，这种事对他而言是顺手就做了。

可能正因如此，大家误以为他是一个能量特别高的人，像是有三头六臂，把每件事都办得一清二楚。他在采访中几度澄清，其实真没想象中那么忙。

辞职的念头究竟是什么时候开始出现的？杨大壹也说不上来，"想辞职是因为发现了更重要的事情"。裸辞几个月后，杨大壹还保留着之前上班时购买的人体工学椅和一些办公用品。一开始是因为他认为人总归还得上班。后来这个想法发生了一点改变，只要能选自己想做的工作，他发现不上班好像也行。

现在，杨大壹是一个很职业的人。即便是第一次见面，他也会照顾在场的每个人，不让任何一句话掉在地上。但是聊得深入之后，你会察觉到他最舒服的状态或许是和周遭的一切保持距离。

那天下午在胡同拍摄，准备转场的时候，有两个路人与杨大壹擦肩而过，其中一个男生认出他，热情地招手，喊他名字。"杨大壹加油，我会一直支持你！"有一瞬间杨大壹感到吃惊，但很快调整了表情，跟对方打了招呼。或许是没想到会有这一幕，他后来问工作人员："这是你们安排的托吗？"工作人员连忙否认。他"哦"了一声。对一个连听众群都懒得建的人来说，他似乎还不习惯自己有粉丝。

"我是一个废墟摄影爱好者"——他终于可以聊聊除了播客之外的东西——"我对人多的地方有些抗拒，喜欢去没人的地方玩。有些地方真的挺危险，或者是脏乱差，但人越少，我越舒适。今年春节我在国外待了20天，一个小地方，没多少人，但景色非常美丽。回国后我和几个朋友去了满洲里和海拉尔，还有大兴安岭。我记得那里的雪很厚，没过了小腿，我很舒服。"

"前两年跟超哥一块，开车去包头附近的一座废弃煤矿。那儿有几栋家属楼，都废弃了，长满了杂草。你会发现大自然很快会接管人类的地方。在那儿你一边捡起1994年的旧报纸，一边看着植物从墙的裂缝里长出新芽，你知道这些都是真的，而时间就在你眼前流动。"

▲▶ 杨大壹的废墟记录。

60

姜思达:
没有
Show Notes

Profile

姜思达

"独栋文化"创始人,拥有一档个人播客《姜思达》。

采访那天，姜思达工作室刚搬家不久。新办公地点在北京东四环一个园区里，独栋，门前是一片挺开阔的草坪。

姜思达穿着一身运动装，和他在跑步视频里的样子没什么不同。走近后，他有些拘谨地打了个招呼，有些黑眼圈，让人想起他播客里常说的"昨晚真的不该喝"。

因为参加活动，昨晚他确实喝了一点，然后在 0 点 22 分发布了一支视频《姜思达，你羡慕恩利吗？》。和他小红书常发的"婆媳短剧"、"发疯"自拍都不同，这支视频以工作室名义出品，文案、视觉都多了一丝正经的意味。

但姜思达说这支片子有些仓促。从美国出差回来的飞机上，他用半小时写文案，落地后和团队用两天完成拍摄和剪辑。拍摄时他换了 5 套造型、改妆 6 次，在同一天里，他还拍了一组 15 套造型的平面广告和一支介绍跑鞋的短片。后两项是为了预告 3 天后的直播，前面这支视频算什么呢？

"是，内容排期压力已经很大了。但我觉得这是挺值得说的一件事儿，还是挤时间去做。那天拍了 20 个小时，回家妆都没卸倒头就睡。我没什么可抱怨的，这都是我的选择。"姜思达坐在屋外的休闲椅上，背朝草坪和阳光，把一杯冰美式很快地喝完了。

我们决定开始聊聊播客，这件在他当下的生活里最放松和没有目的性的事情。姜思达常说自己不是一个很有表达欲的人，但无法帮他赚到一个月房租的播客已经录了 180 期。欲望与野心是两个东西，表达也有很多种形式，关注他够久的人，也许会在某一个瞬间，窥见他在表达上的野心——

"我享受在这个世界上制造一点点声响。"

▲▶
姜思达工作室屋外。

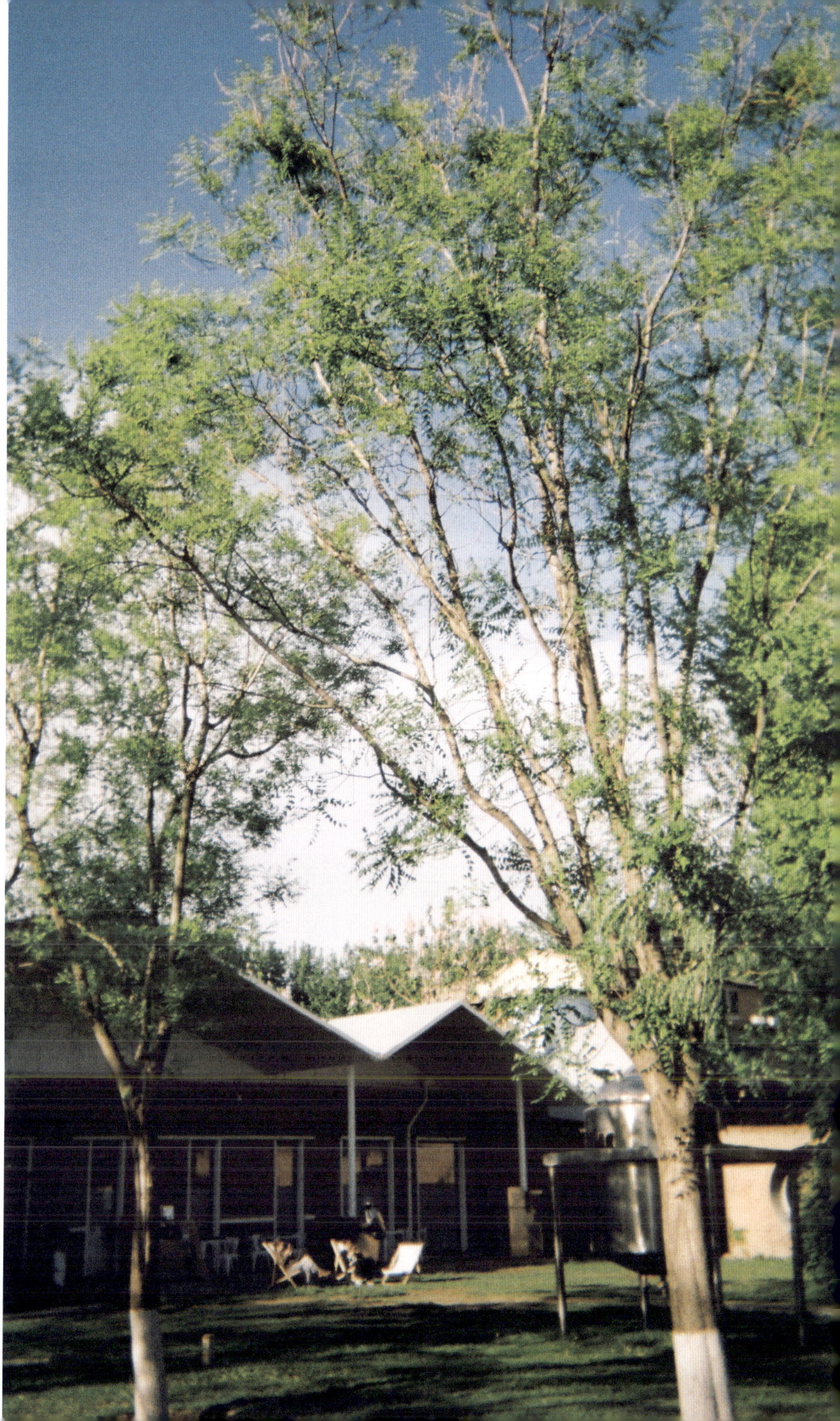

Talk 对话　　ⓐ about　　Ⓙ 姜思达

ⓐ 你的播客既没有标题，也没有Show Notes（节目笔记），这几乎过滤掉了大部分路人听众，点进来的首先是对你有认知或感兴趣的人，为什么想要以这样极致，甚至有些极端的形式去呈现？

Ⓙ 最开始想做播客的时候，我完全没和团队打招呼，这也不是一个所谓的项目。如果把什么事都当项目去做，那也太没意思了，对吧？有的时候内容就是内容。没有Show Notes 和标题，客观上会有你说的效果，如果要评论点儿什么，前提是得把这 30 分钟听完，对大家来说评论的门槛会稍微高一点。但对我来说，这样做的主要原因是嫌麻烦。一旦有标题、有选题，然后有措辞，我就知道我每周都得这么做，我不想坚持一个自己很难坚持的东西。

ⓐ 不算是"项目"，那么在工作排期满负荷的情形下，为什么依旧去做这件收益率似乎很低的事，现阶段的《姜思达》播客对你来说是什么？

Ⓙ 它是一个习惯，一个坚持下去的习惯。我曾经也坚持过挺多别的习惯，但因为天生就不擅长坚持，即便往往能在放弃之前做出一些成绩，最后也不会有什么常性。所以对于播客这个东西，我就是想让自己能够选择一个东西去坚持，而且我是蛮有信心的，只要咱们没有被"三体人"攻击，只要这个平台或者说媒介还在，我可以录一辈子。如果是做有选题方向的东西，我没那么强的发言欲，但如果只是讲我这周吃什么了，去哪儿玩了，我觉得还是能说的。

ⓐ 为什么一定要给自己找一个"坚持下去的习惯"？

Ⓙ 可以单纯地让自己的生活也好，生命也罢，有一种形式美。我这种形态的播客，对我自己来说，就是这种形式美的组成部分，它的形式是高于内容的，因为单拎出来某一期基本没什么可听性，就是一个人说半个小时，也不见得有什么有意思的东西，但它的整体构成了一种形式……越说越自恋了，其实就像金字塔，都是一块一块巨大的方石，单独拿出来一块没啥意思，直到垒成了形状，你会觉得这是奇迹，是奇观。

这个播客可能更像是音频日志。如果活到七八十岁我还在继续做，那可太牛了。再过几十年，再过一百年，那会儿人们可能还会听音频，然后他们知道有一个人叫张三，这个人从 20 多岁录到 70 多岁，每周一个，这能量太强了。还让别人给你写什么传记，不用，自己说就行了。而且当我死的那一刻，它的能量会更强。所以我要趁机留下一点儿我能留下的声音。

ⓐ 像个行为艺术。

Ⓙ 我觉得它的定义不重要。它是一个艺术，它是一项运动，它是一种呼喊，还是一种文化垃圾、噪声，我觉得都不是特别重要。

ⓐ 要等到很多年之后能量才爆发出来，这件事还挺延迟满足的，所以你是习惯于享受延迟满足的人？

Ⓙ 不是，我是享受在这个世界上制造一点点声响。有的时候细想起来挺刻薄，但事实就是这样，作品要不就是反映时代，要不就是超越时代，如果你在这个时代没红，很可能是既没有反映时代，又没有超越时代，对吧？你甚至可能滞后于时代。我现在做的就是反映时代，而它的一个检验标准，就是你在当下这个时代就能红。

ⓐ 听你播客的这些人，你想象过他们是什么样的人吗？

Ⓙ 可能够闲，或者压力太大了，或者有恶趣味的一面。其实我也不知道什么人在听，有的时候我也觉得挺荒谬，但有人在听。

我在播客里说过这么多话，有的时候说得不对，有的时候让人不舒服，让人难过，让人愤怒，让人反感，但也不是没有价值，有的时候还挺好笑的。

我可能对于自己的私生活分享确实比较多，我觉得我的身体是公共的。我当然有内心非常压抑的隐忧，或者是愤怒，或者是某些复杂的情绪，但绝大多数你所担心的问题，都不是太私人的问题，都是很公共的问题。比如说你患有双相情感障碍，但你肯定不是世界上唯一的病例，在你身上发生的这件事情，在别人身上也有不同版本。这就是为什么我在讲很多看似很私人的东西的时候，也有那么多人爱听。

工作室后门的地垫，"这一次真的不会再爱了"是姜思达在播客中的口头禅。

a 在播客里非常认真地聊最近的感受和经历，与在里面胡编乱造，哪一个更让你觉得放松？

J 胡编乱造，因为不用承担太多的道德压力。我在节目里大讲过"飞天蛤蟆"的故事，"飞天蛤蟆"有什么道德需要去背负？现世的一些道德，我不得不去遵循，甚至我觉得绝大多数时候还是应该去遵循，但那不是生命的唯一可能性。这个世界的非虚构和虚构我都喜欢，谁也不能代替谁。我以前写讨一些东西，写得好不好另说，可毕竟受过专业训练，我知道非虚构应该怎么去写。然而真正让我享受的还是虚构，写那些不存在的人和物的时候，我不用背负那么多，比如不用去考虑新闻写作的基本要素。我觉得虚构在指向人类精神的另一种目的，这个目的是具有超越性的。

a 你在潜意识里有一种挑战听众的期待吗？比如你用五花八门的形式录播客，是想测试听众的接受阈值？

J 偶尔会这么做，看看大家的幽默感能到什么程度。

a 做播客这件事听起来对你是全然享受的。

J 确实不太有压力，毕竟它不是占据我工作时间最长的业务。有的时候我可能会做噩梦，梦到我的直播没有人预约，我什么东西都没卖出去，然后商家追着我骂街，但是做播客没到这个程度。

"飞天蛤蟆"是《姜思达》播客中的虚构角色，会在他无话可说时发挥作用。

a 所以现在对你来说压力更大的事情还是直播。

J 是做这个公司，是如何让这个公司成为一个公司。

2022年那会儿，无论是我个人还是公司，账户基本到0了，见底了。相当于这个月工资发完之后，下个月已经没有工资可发。当时的状态是，我们再怎么去做内容，只能是用爱发电，但是人家办公室房东不给你用爱发电，对吧？我太感谢我做直播的决定了，这件事儿就是我提的，在2022年，我觉着得做这件事情。然后我接下来的所有重点就是，怎么让自己在这个领域内做到前面。

a 在虚构里面，你仍然会想表达一些什么吗？

J 它可能有点模糊，有时候又比较准确，不一定。但那种很荒诞的虚构，它总归是有点什么力量的，对吧？幽默也有很多种，恶俗的笑话，超越性的笑话，网络流行段子，攻击性很强的脱口秀，还有黑色幽默，或者你什么都不做，只是摔了一跤别人也笑。它有好多种表现形式。

第一场直播的时候，我一直别扭，现在已经好非常多了。因为我知道从做公司的角度来讲，我成……成功了吗？

65

J 至少是成立了，我能把这么多的利益卷进来，大伙没穷死。我现在 80% 的工作时间花在直播上，压力大到随时都能崩掉。但是实际上崩不掉，人是有韧性的。

而且我觉得你如果不被这个困住，你也会被别的什么困住，被贫穷困住，被事业困住，被家庭变故困住，被爱情困住，被自己的精神状态困住……你总会有非常不舒服、不自洽的那一部分，在你生活当中占一定的比重。如果现在的这一部分对我来说只是工作的疲劳，我就很幸福了。有时候我觉得我非常具有阿Q精神，会用一种对自己的精神"霸凌"来让自己好过一点，但它确实很好用。

a 做播客时你没有抱任何商业价值的期待吗？比如你之前也做过几期付费节目，有没有想过稍微认真做一档付费播客？

J 我觉得我的这个东西也不是非付费不可，后来就不好意思了。做付费播客是为了赚钱，对吧？我都做直播了，我还从它身上赚钱干吗？有这个时间精力，我干吗不干点别的？我干吗不钻研一下跑步，然后变美变年轻变漂亮？所以放弃，从入门到放弃。

a 之前你们工作室发了一条笔记，是关于"我们喜欢姜思达的理由"。评论区很多人说"因为你是姜思达""喜欢姜思达不需要理由"，类似这种评论你怎么看？

J 我觉得"喜欢姜思达不需要理由"更多的是一种文学性的说法，肯定还是有点理由的，没有平白无故的喜欢。虽然这个理由具体是什么咱也不是很清楚，但是过完30岁生日，我会觉得有点不太一样了，我决定"为老不尊"一些，不用太谦虚。有时候你的谦虚不是品德高尚，是你怕，你怕表现得不如别人想象中你的样子，所以你给自己留个余量。"为老不尊"就是，看到自己的优点就大大方方承认。比如说我跑步，我知道我不是精英运动员，跟大众精英都比不了，我现在训练也比较少，连自己曾经的状态都达不到，但是这不妨碍我仍然觉得自己很优秀，我也不怕输。我要的就是不要再修饰自己了，我不要。

a 现在这些"肯定"对你来说够了吗？

J 不够，但是我也只配这些，我目前的展示让我得到的结果，就只能是这个样子的。从更大的目标来讲，我当然希望得到的越多越好，或者说某一个更有作品感的东西，或者就是作品出现，这对我来说确实更重要。我现在所有的思考方向和长期目的，可能都是在为电影或者说很长的文本做准备。直播也是，而且它太重要了，它能让我在创作的时候不用担心钱的问题。播客也是，我觉得没有什么事儿是白费的。

肥杰、惠子：
我在评论区爬楼

Profile

肥杰
《肥话连篇》主播。"肥杰"是十几年前因为胖而取的名字，现在已经不那么肥了。喜欢讲好玩的故事逗大家开心，没想到如今竟能成为自己的工作。有点强迫症，爱好跑步和收拾屋子。

惠子
《肥话连篇》主播。15年前阴差阳错地开始学习心理学，目前是以人本主义为主要工作流派的心理治疗师。喜欢窝在沙发发呆，同时是一个抠门儿的美食爱好者。

"如果你关注他们，他俩的能量很难不折射到你身上，像小太阳一样。"这是一名小红书普通用户——同时也是《肥话连篇》的忠实听众，在自己账号发布的"安利"笔记。

自 2022 年 1 月上线，每周一更，《肥话连篇》至今已经发布上百期，从"跟对象回老家"到"在雪山睡帐篷"，从"办公室里的奇葩行为"到"怎么保持少年感"，节目聊的话题总绕不开身边的日常细节，也因此被听众形容为"生活流夫妻档播客"。在优质内容扎堆的播客创作圈，《肥话连篇》有着大约 6% 的断档级互动率（播放量与留言量的比例）——这是什么概念呢？大多数更新过 100 集的老牌播客，这一数据不足 1%。点开评论区不难发现，几乎每一条听众留言都会被主播认真回复。

更好的自己，更好的亲密关系

家里的桌上有一个机械钟，到了整点都会发出"哒"的一声，节目录制前两位主播会守在桌边，等它跳完整点再开始；也会提前准备一块布艺杯垫铺在桌上，防止水杯碰触桌面发出声响；旁边通常再备一个黄色小本子，共同记录一些即兴想法。两个人录播客时总不免有一些刻意为之的仪式感，似乎想通过这些切换宣告，接下来的这段时间，他们的关系会在伴侣之外再叠加一重身份。

节目里，他们总能丝滑地接上对方的话，也逐渐形成两人之间独特的聊天气场：肥杰常常扮演一个插科打诨的搞笑角色，惠子则更擅长走心。评论区有听众表达对这种关系的羡慕——是理想中的那种婚姻状态。

肥杰和惠子坦言，一起做播客确实给他们带来了更好的亲密关系。肥杰提到，关系中的矛盾往往源于沟通缺失，而一起做节目，尤其是基于大量言语对话的声音节目，让他们有了比原来更为深入的沟通机会，并且因为有听众的存在，他们要收敛起作为伴侣的任性，以更客观的视角去聊一件事，倾听对方的看法，也告诉对方自己是怎么想的。越聊就越理解，少了误会，多了信任。而这样的高质量沟通，他们每周都要经历一次。

播客这件事也影响了两人各自的生活。对肥杰来说是改变了他的职业路径——大学时读经济学专业，研究生阶段学纪录片，毕业后做过广告媒介和市场营销，直到在一家体育潮流媒体接触到了播客，才逐渐走上内容创作这条路，成为一名全职自媒体工作者。

(→)

对惠子而言，播客带来的影响更多体现在价值观念上。她调侃自己是典型的"江浙沪独生女"，曾经笃信相对传统、主流的人生道路，从小爸妈希望她做老师，她就去读了师范大学。父母的支持给了她坚实的自我价值认可，但做播客之后才发现，自己从前的自信来源其实有些狭窄。让她意外的是，听众评价她笑起来好听、声音好听，以及讲心理学的观点听起来特别专业。这让她意识到，不必再局限于别人灌输给她的价值观，她可以通过很多其他方面来认可自己。

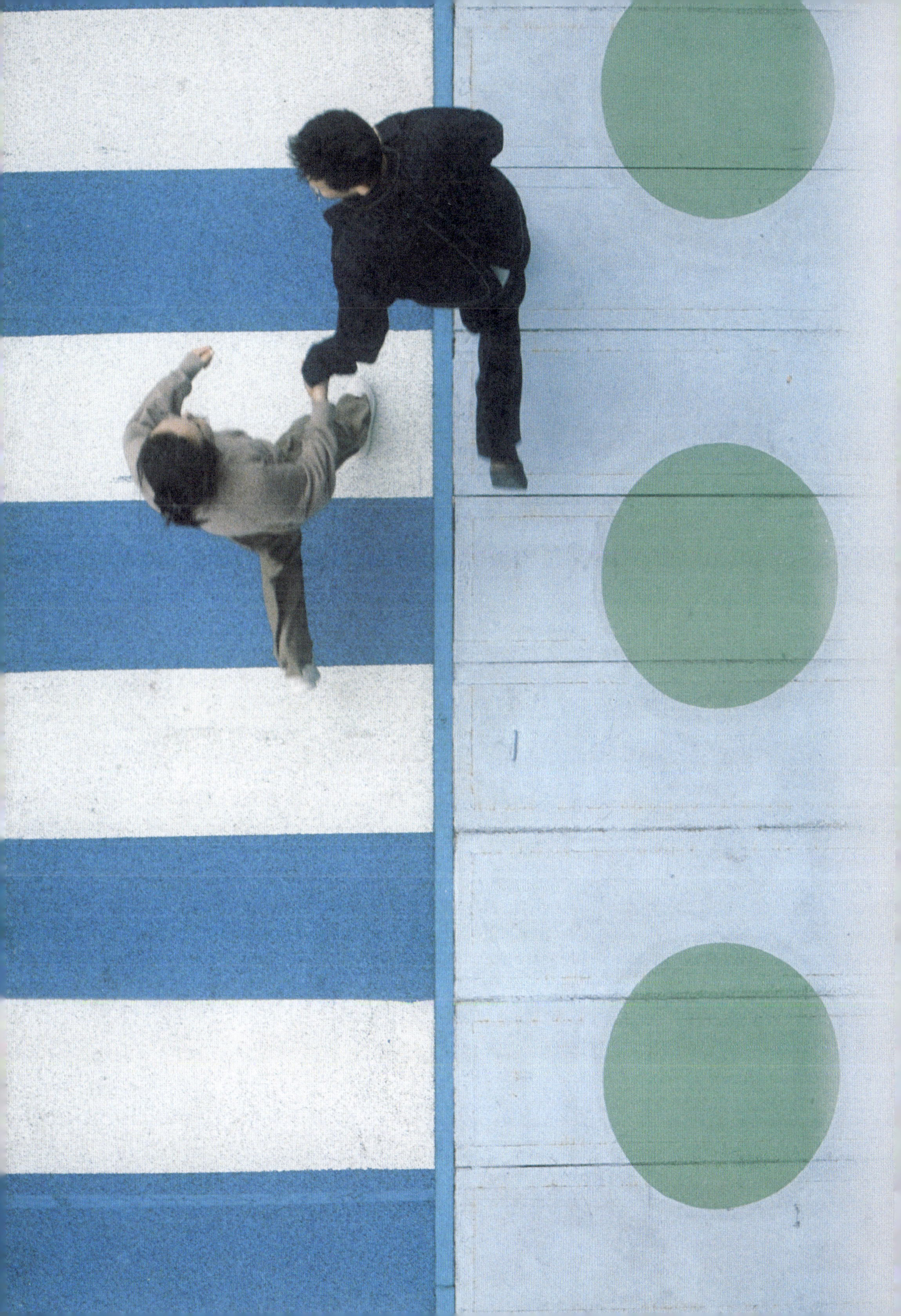

肥杰和惠子相识于大学时代，已经在一起13年——夫妻档是《肥话连篇》一个鲜明的特质。

生活本身就是巨大的话题库

与播客节目常见的选题思路不同，《肥话连篇》不聊宏大的社会议题，每一期的话题都来源于自己的实际生活。

肥杰记得 2023 年自己过生日的时候，他们在外滩一家餐厅吃饭，碰巧遇到一件事：隔壁桌的两人似乎是十几年没见的老同学，女生在国外生活了很多年回国，男生请她吃饭。女生为表示友好送给男生一个礼物袋，里面有领带、香薰、水果，等等，但男生最终拒绝了。"我们觉得这个男生之所以拒绝，是因为里面有一条领带，这是比较私密的一件东西。"当天回家，他们就把这件事引发的思考录成了一期节目，话题是"异性朋友之间交往的尺度"。

肥杰认为，在生活中因为当下看到的一件事引发思考，从而产生对话，这对于创作者来讲是非常自然的。因此，节目的前期准备往往只有一个简单的框架，当录制真正开始后，聊什么、聊到什么程度是通过对话来完成的，录制的过程就像一场头脑风暴。他最喜欢的是对话过程中产生的东西，而这些是没有办法提前准备出来的。

轻松随性的表面之下，他们对内容有自己的坚持。"一个选题你可能只能讲到 70%，但是你要讲到 100% 才能往外发。"惠子说。比如讲故事类的内容，他们会先把大致的故事讲给彼此听，让对方先判断值不值得讲给听众听。

在日常生活中，肥杰和惠子原本就有观察的习惯。惠子常常在微博上更新自己关于很多小事的感悟，从不同的天气带来的心理感受，到录节目遇到装修的幕后花絮，她会像写日记一样标上序号——记录。

肥杰则天性敏感，长期从事内容创作也让他训练出更多触觉，但他觉得二人保持敏感的最大秘诀是对体验的热衷。他也认为，对生活的感知程度跟共情能力有关，有时他甚至会共情一些花花草草，觉得它们过了一个冬天在春天的时候绽放，是一件很美好的事。

(→)

做播客之后，两人在生活中也变得更加敏锐。肥杰形容这种感觉像"有个雷达开着"，原本发生后就过去的事情，现在会觉得好像可以再往深一步思考，看看能否成为一个选题。第 61 期节目《在职场说人话要判几年？》就是两个人睡前聊天得来的灵感。"当时我们在吐槽老板讲了一个奇怪的词之类的，我说好像这种东西很多嘛，然后她说这个很好。本来我已经躺下了，又把手机拿出来，把我们刚才的想法写下来。"

▶ 蘑菇灯是肥杰做后期剪辑时用的，他感官敏感，不喜欢太亮，而惠子晚上不开灯就难受，最后的折中方案就是开这盏小小的灯。

71

真正的听众，不是运营出来的

在播客平台上，《肥话连篇》被听众称为"精神良药"和"互联网嘴替"，很多人喜欢这个节目是因为贴近自己的生活。基于这样的亲近感，不少听众都会愿意在听节目的时候随手留言，分享自己对某个片段的感受。

肥杰和惠子在评论区"爬楼"则始于一次偶然。2023年春节期间两人在家过年，刚刚更新完一期关于过年记忆的节目，无聊之际，肥杰开始随机回复一些评论。回了几次之后，他们发现大家也很喜欢这样的互动。从单向的评论变成聊天，两个人感觉，自己跟听众的关系近了一步。

这一习惯自此保持下来，现在每周一更新完，肥杰和惠子会专门花一整天时间回复留言。这个举动又让他们收获了更多特别的反馈。惠子认为最好玩的是能听到听众的故事。一次他们聊到"奇葩的表白方式"，就有很多听众来分享自己的经历，"有人说被送试卷表白，一页数学题，一页政治题；还有人抓来一只鸡在院子里啄米，最后啄出一个I Love You"。他们后来又做了一期节目，很多内容就是从这些评论里摘出来的。

久而久之，他们已经能记住很多听众的ID。有一对用情侣名的听众出现在每一期的评论区，也有考研的学生把这里当成树洞，每周留言"我还在图书馆学习"。他们不再是订阅上的一个数字，而是变成了一个个有名有姓的人。

当被问及有这么多爱写评论的听众，听友群里是不是也很活跃，肥杰给出了一个意外的回复，他们至今都没有建立过所谓的"粉丝群"，他自己的微信里加的是一个个真实的听众，他们能从彼此的朋友圈知道对方最近怎么样了。

一些听众还和他们成了线下的朋友，会在过年的时候给他们写副对联，寄来自己做的衣服，或是送上一份亲手烧制的郁金香玻璃摆件。

在第100期节目《播客给了我们什么？》中，肥杰和惠子反复感谢了所有听众。他们觉得是听众让他们快速成长——节目里交换的观点仅限于两个人之间，而评论区的上千人都有自己的想法，总有人能爆发出新的、不一样的观点。

但他们并不打算迎合听众的喜好去做内容。在肥杰和惠子看来，在节目中展示真实的自己是最重要的。"我们只是告诉你，我们就是普通人，普通人就是这样生活的。我们会在春天的时候去看樱花；会在想吃某个东西的时候去吃；会说今天是重要的日子，我们就吃一个稍微贵一点的，平常的日子我们就吃一点便宜的。我们也会因为自己的好东西坏了而痛苦，因为自己买了一个很少买的很贵的东西而开心半天。"肥杰说，我们只能分享自己真实的生活。

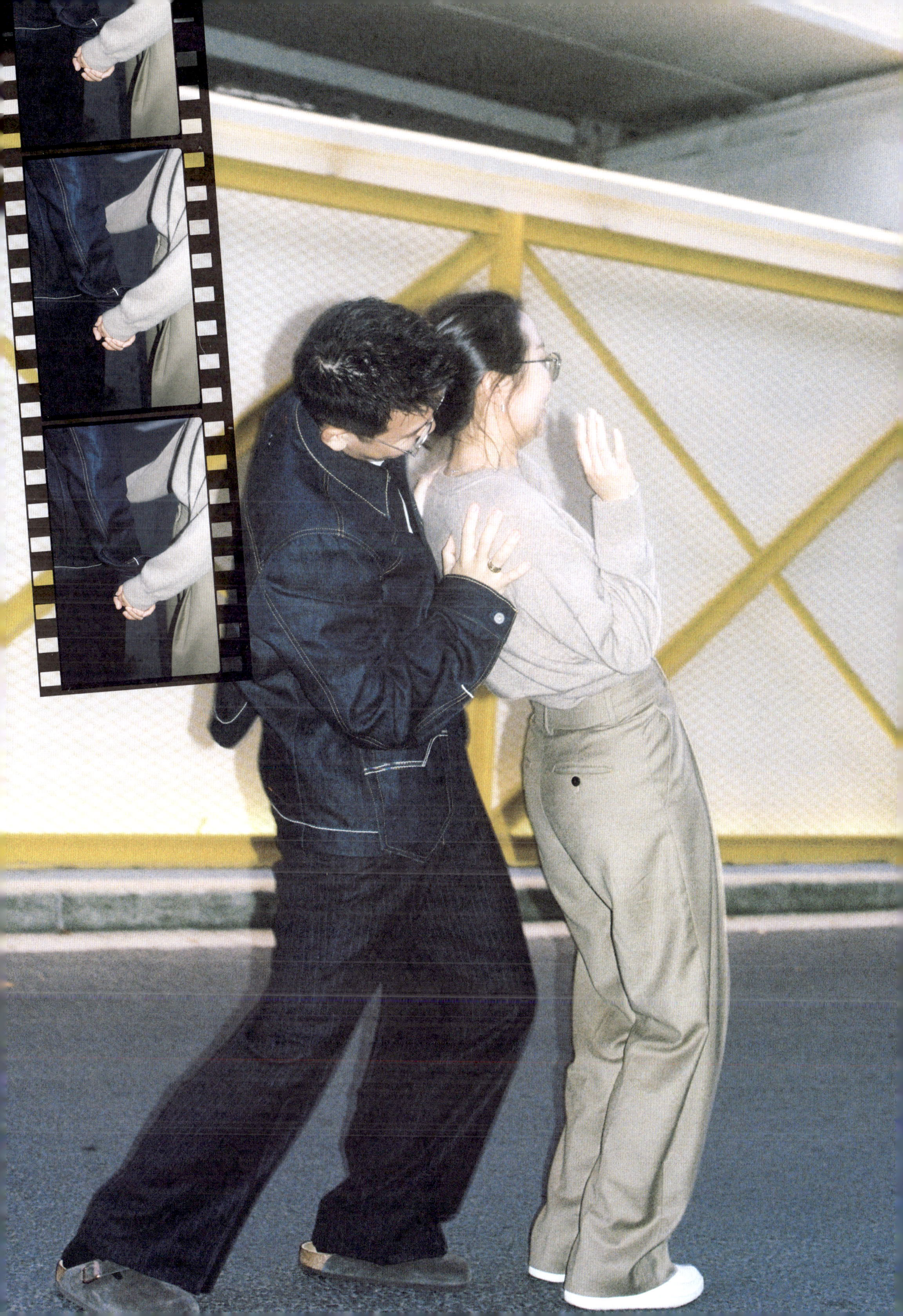

| Talk 对话 | a about | F 肥杰 | H 惠子 |

a 《肥话连篇》的评论区有那么多留言,你们几乎每一条都回复,为什么愿意花精力做到这种程度?

F 评论区就是一个小的社会,能在里面看到很多人不同的想法,给了我们一个认识世界的机会。而且大家也都很友善,在表达自己的观点,就像大家都在一个体育馆里面聊天。

H 上次我们做了一期节目,关于"不要用对方不喜欢的方式去关心他",起因是他开车载我回老家,途中我问他累不累,但他就觉得"有什么用",我也没有办法替他开车,当时我们就有一点点争吵。我就说那做一期节目,看看网友怎么说。当时我是非常自信的,觉得网友肯定会站在我这一边。结果给了我一个晴天霹雳,好多人都说理解他。有时候我觉得看评论区就像在做一个心理学实验,能看到很多不同的样本。

a 主播是一个每天跟语言打交道的工种,对你们来说,语言的本质是什么?

F 我想到两个词,艺术和快乐。这两者可能是相辅相成的,我觉得语言是艺术的原因就是它能带来快乐。而且这种快乐可能不是我们通常理解的"快乐"这两个字,它是一种丰富的情绪,但这个情绪最终的落点是快乐。也就是说,如果跟别人说话,我希望别人最终获得的情绪是快乐的。所以我才会想要追求语言的艺术。

H 我觉得语言好像是我心灵的一扇大门,它可以保护我的心。就像我跟来访者聊天的时候,我非常喜欢观察他的表情和身体语言,因为他的表达经常是说谎。所以你可以通过修饰自己的语言、不全然袒露最直白的内心来保护自己,也让别人觉得是舒服的。但这扇门打开的时候,又可以把我心里的很多东西表达出来。

F&H

a 听起来评论区也成了你们的一个信息来源。很好奇你们作为长期的创作者,在工作之外的信息输入方式和内容偏好是什么样的。

F 我特别喜欢逛街,并不是喜欢购物,只是希望知道这个世界到底在做些什么。我很喜欢在网上逛那种不知名的个人品牌,看一看他们做了什么奇怪的东西。比如现在有很多人会拿一些品牌做好的东西进行二创,看这些产品会开拓你的思维。

H 我喜欢看悬疑小说和影视剧,小学时就看完了福尔摩斯的一系列探案故事,长大后会看阿加莎·克里斯蒂之类作者的故事,现在也经常听一些罪案类播客。

74

咪仔：
罪案主播会梦到奇怪的东西吗？

Profile

咪仔

真实罪案叙事类播客《黑猫侦探社》主播。美国纽约哥伦比亚大学新闻系硕士，曾经的媒体人。

采访&撰文 / 饺子　　企划&编辑 / 杨慧　　拍摄 / 周怡辰　　场地支持 / UMEPLAY 逃脱艺术

"最近这一期做得不错。"

咪仔递来手机，屏幕上是父亲发来的一条信息。她笑弯了眼睛，几分钟前还在说不敢问父母自己的节目做得怎么样。

今年是《黑猫侦探社》（以下简称《黑猫》）开播的第3年，从最初的搭档形式，到如今的单口形式，这个专门讲述海外真实罪案的播客，至今已累计发布超过100期内容。"我们打捞世界各地的罪案故事，带您一起窥见人性的复杂，探索幽暗的真相"——从《黑猫》的官方介绍中不难看出，节目除了将各种离奇案件层层铺陈开来，更希望借由叙事技巧，展现案件中所有相关人的立体与多面，探讨某些更深层的东西。

一位媒体行业的同行曾提到，《黑猫》的内容拥有新闻特稿的气质和专业度，细节充分，逻辑结构严密，并且有相当强的临场感。在这次和咪仔的聊天中，我们也感受到了一种"新闻人"的敏锐犀利，以及对人性的包容与洞察力。在公共层面，咪仔算是相当低调的创作者，极少公开露面或是大量分享个人生活，她说："比起谁喜欢我这个人，我更在意谁被我讲的故事打动。"

卖过凉粉，摆过摊

时间回到2021年，受新冠疫情影响无法回国的咪仔暂时居住在瑞士苏黎世，不擅长德语的她无法在当地找到对口的工作，很快陷入身份焦虑和个人社会角色丧失的恐慌中。为了能做点什么，她开始卖一些国内的小吃给当地的留学生，算是找点事情做，顺便赚些零花钱。苏黎世物价高昂，咪仔经常往返于屠宰场商店和边境的德国超市，这些店铺相距很远，但商品价格相对便宜些，她在里面采购制作卤味和凉粉酱料的食材，每天能省下几十瑞士法郎。

背着食材回家，在厨房里分肉、制作，第二天推着小车，从山上的住所坐缆车下山，去火车站和夜市摆摊，"这个过程很像蚂蚁搬山"。

咪仔的小吃摊没有固定位置，经常在不同地方开张，当天选好地点后，她会发信息给老顾客："今天在xx找我。""今天到火车站去找一个穿红衣服的女孩，她会告诉你们我在哪儿。"

在一次苏黎世学联的中国联谊会活动上，咪仔右手边放着两大盆凉粉，左手边是辣椒油和黄瓜丝。"吃辣吗？"她朝迎面走来的人问，同时伸手开始舀凉粉。"超牛的，当时我一个人可以做几十个人的饭。"三年后，她坐在北京东五环的咖啡馆里回忆当时的情形——她一个不吃内脏的人，要在厨房洗净牛肚和鸡胗，焯水后再卤制。"已经PTSD（创伤后应激障碍）了，现在闻不了牛肚的味儿。"

这是一段琐碎且辛苦的日子，而《黑猫》就是在这个时间点诞生的。

新闻人下场

打开咪仔的履历，会发现她的每一步似乎都在走向做播客这件事。

她在北京师范大学读本科时学的是音乐学专业，毕业后陆续在传统新闻媒体和出版社工作，做过制片、市场、记者、编辑等工作，后来在美国哥伦比亚大学新闻系攻读硕士研究生，接受严格的新闻学训练。咪仔说讲故事需要的不仅是天赋，技巧也非常关键。她曾在一档播客节目中提到，学校会把他们推向纽约街头，随机接触各种各样的人和事，提醒他们在调查事件的过程中要紧跟人物动机（比如关注一切与"钱"有关的线索），取得和组织材料，这种训练让咪仔知道如何用吸引人的方式将真相引述出来。

她还记得学校曾经请来NPR（美国国家广播电台）的StoryCorps播客团队为他们讲声音故事是如何制作的。那天在教室里，团队放了一段老夫妻的真实故事，故事用语音采访的方式呈现，主人公口音很重，咪仔没太听懂，但很多学生都听哭了。这是她第一次感受到声音叙事强大的情绪穿透力。自那以后，她开始在纽约地铁上进入播客世界。真实罪案类播客《Crime Junkie》成了她的最爱。她喜欢主播阿什利·弗劳尔斯（Ashley Flowers）的声音和富有情感的表达。

"我自己喜欢怎样的故事呢？"咪仔回忆起做播客前反复咀嚼的问题。

她喜欢的故事，总是会把当事人放在命运的十字路口，通过资料搜集和采访，用当事人的眼睛展现人的多面性。而真实罪案故事，恰恰最能够挖掘这种复杂性。

《黑猫》的第一期节目，讲述的是人类历史上杀人数量最多、手法最为残忍的连环杀手。案件发生在南美洲，整个作案过程横跨8年，前后有超过200名少年被害。但咪仔说，策划这个选题并不是一个明智的决定。连环案件资料过于繁杂，且每次犯案手法重复度高，用平行叙述讲案发过程"会像和尚念经，没重点"。咪仔决定运用新闻技巧重构叙事线。她先将能搜集到的所有碎片资料烂熟于心，然后"像蜘蛛一样"从头编织故事之网。第一期的逐字稿，她磨了近一个月。

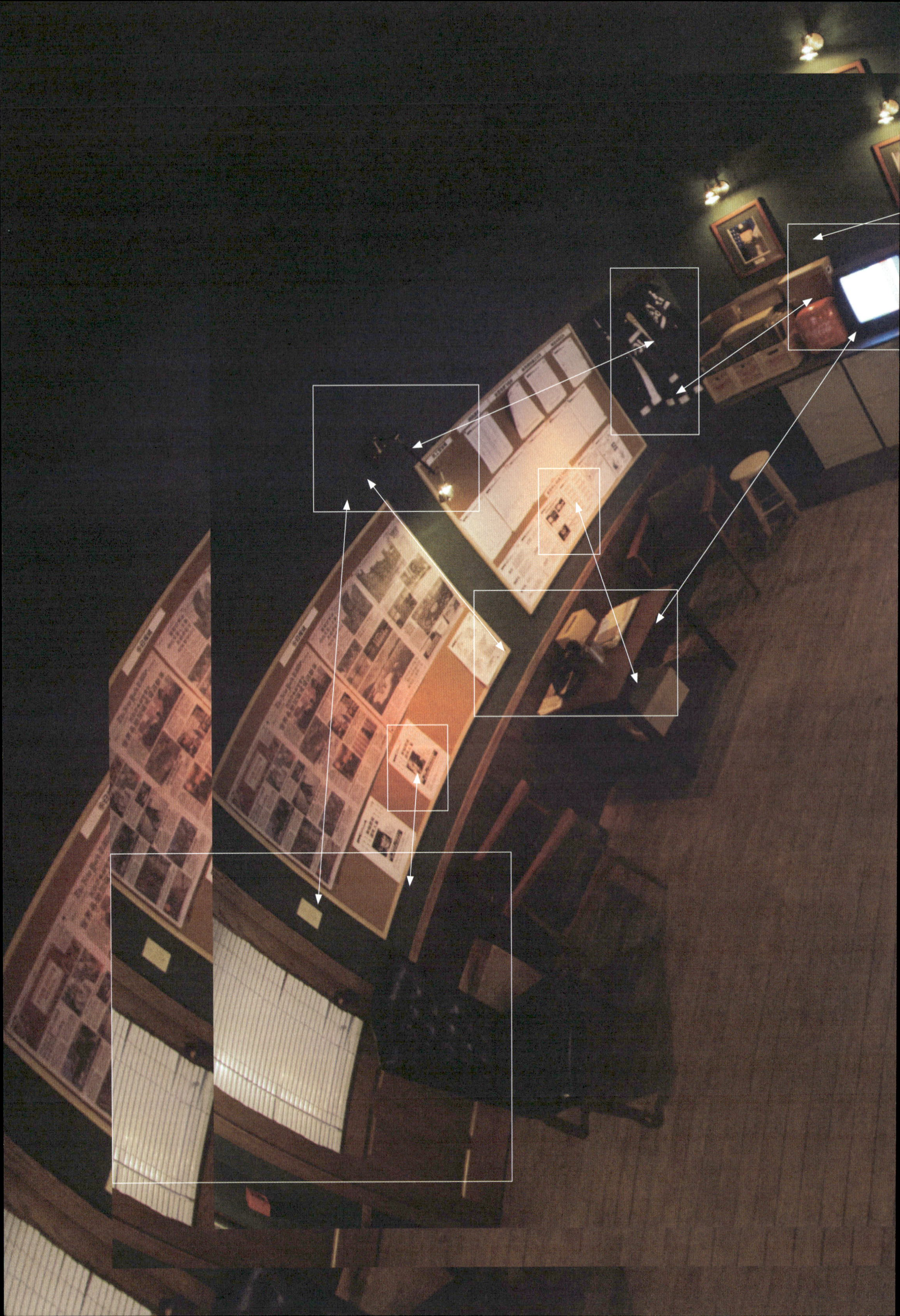

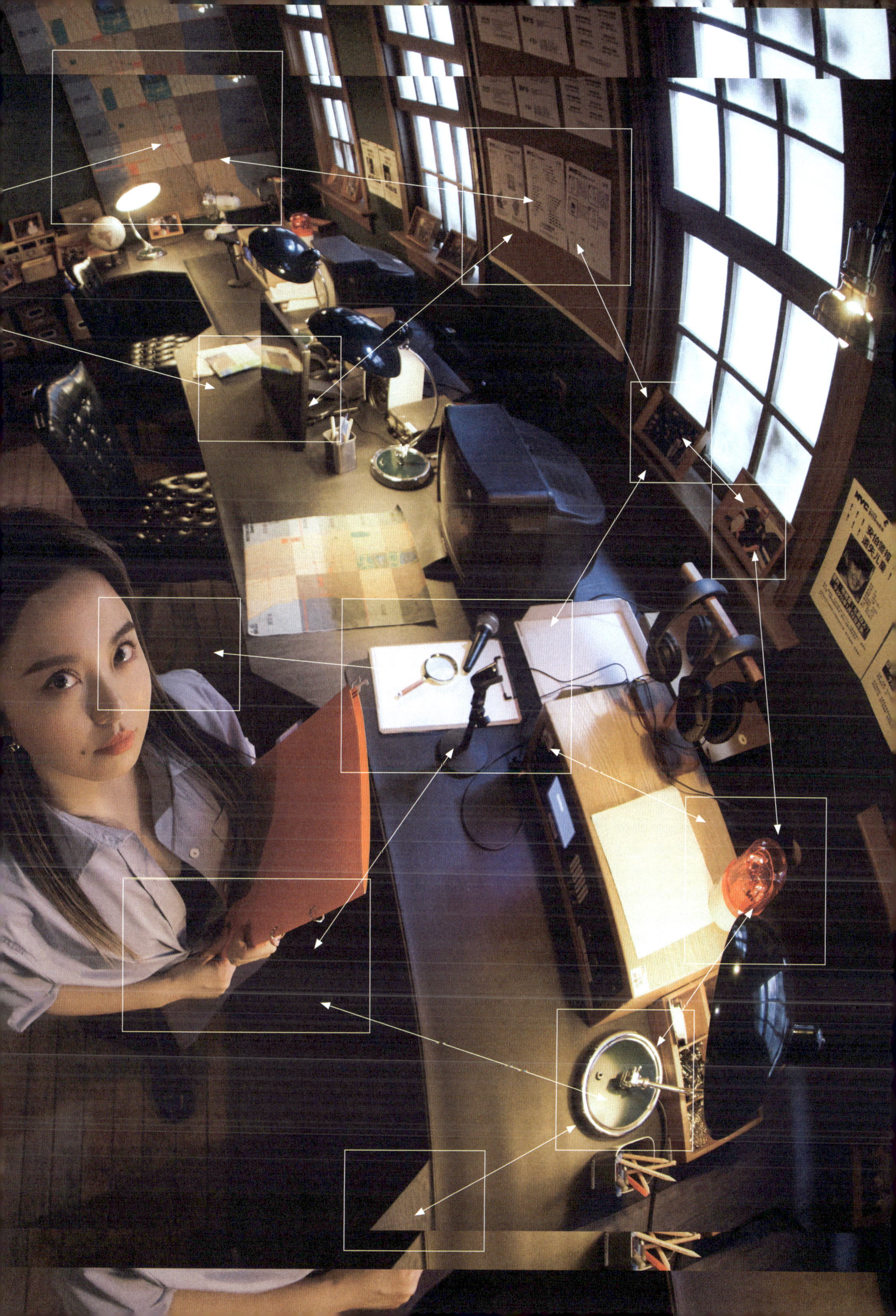

讲故事，要离故事足够远

平日里的咪仔对情绪传达相当敏感，比如半夜给节目做后期，配了段特别符合情绪和文本心理的音乐，她会兴奋得反复听并感叹："牛啊，绝了！"但更多时候，她又要告诫自己克制。

节目的定位注定每个故事都是血淋淋的，都不轻松。在讲述过程中，她极少掺杂个人立场去定性某个案件或是罪犯，仅通过证据资料来呈现一个故事的A、B面。这是一种新闻从业者的视角，也是距离理智客观地看待世界更近一步的方式，"我希望把听众带到那个十字路口"。

咪仔说面对罪犯或者恶性事件，情绪是很容易宣泄的，迎合听众的情绪，替他们把想说的心里话讲出来，会得到很多支持。但她并不想这么做。除了朴素的道德观，怎么去理解罪与罚之间的关系，如何去解读人性的选择，世界上不同国家的司法体系之下，公检法、当事人之间是如何就程序正义、脱罪问题来回拉扯的，都是她想去探讨的部分。

"我可能会说一说犯罪心理，但我不会去推断和定性罪犯是一个什么样的人。这样的立场在英文里叫作 I have no position，意思是我没有立场审判任何一个人。"

80

81

Talk 对话　　ⓐ about　　Ⓜ 咪仔

ⓐ 在搜集案件资料的时候，是否会因为看到案发现场惨状或是挖掘到人性幽暗面而感觉不适？

Ⓜ 几乎心如止水，我的情绪很少会因为受害者的状况、案发现场受到影响。我常半夜搜索案件材料，但从来不会被突然吓着。这是一种置身事外的感觉。

研究一个案子，深入极其微小的细节里，会想说："这个人竟然是在这种情况下去犯罪的。"然后想再往里探一探为什么，就像跳进兔子洞。我看资料会越看越细，很累。

ⓐ 哪些内容是你在写罪案的过程中尤其感兴趣的部分？

Ⓜ 群体之恶。我曾经播过一期暴风雪夜发生的"谋杀派对"，讲的是一群人将一名女孩虐杀致死。还讲过一桩发生在 14 世纪荷兰商船上的罪案，在与世隔绝的环境中，人与人之间恢复到最原始的丛林状态，明知恶而为之。当个体藏于群体中，作恶的过程被匿名化，作恶的成本被均摊，普通人也有可能毫不犹豫地参与进去，这种群体性非常可怕，这样的故事也比个体犯罪故事更有冲击力和反思性。

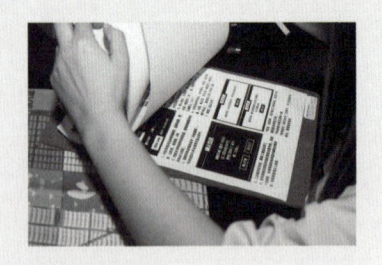

ⓐ 现在回看，在播客内容制作的过程中，走过哪些弯路？

Ⓜ 弯路在初始期，最开始节目是上下集形式，一个案件拆成两集，每集 20 分钟左右，一周更新一集。这个方式蛮蠢的，谁要听一半的罪案呢？冷启动的时候也挺痛苦，第一个案子准备了一个月，但当时只有 4 个人收听。

ⓐ 一桩罪案成为播客节目，从 0 到 1 的基本步骤是什么样的？

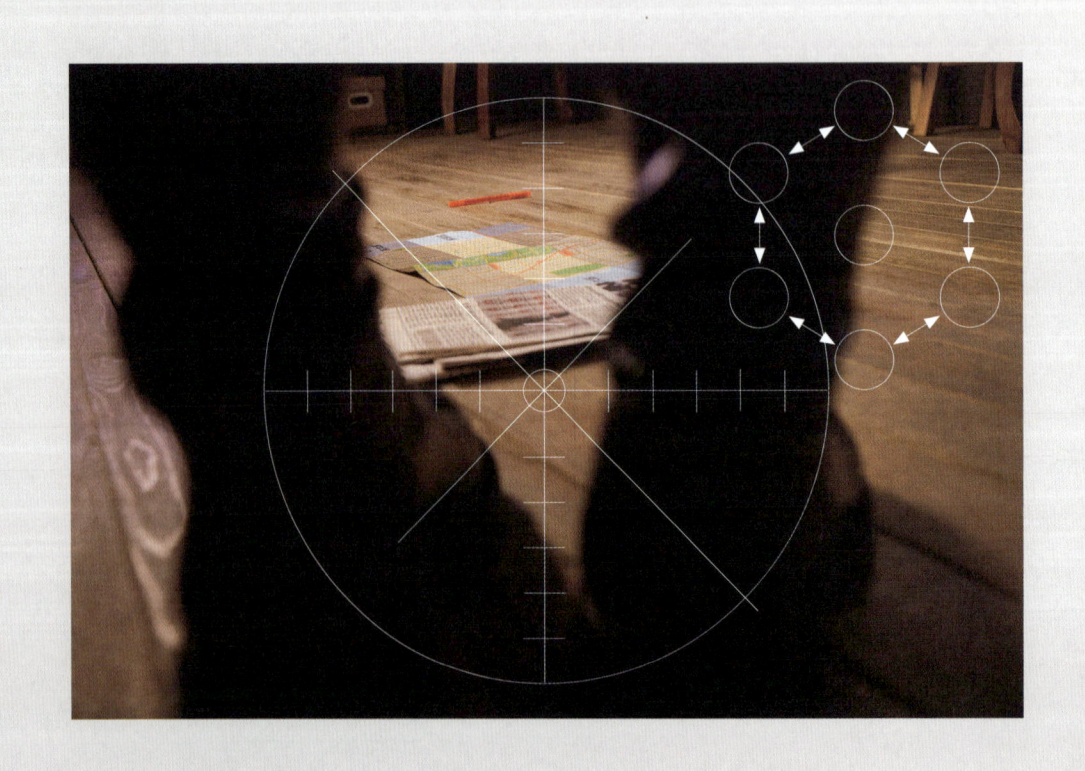

M　第一步是找案子，当天到底要讲哪个案子。接着是搜索所有可以搜到的资料，比如报道、书籍、案卷、案件录音、庭审材料等，维基百科是我最常用的搜索方式，有名的案件一定会有页面，上面是根据时间顺序列出的关键节点，流水账式的材料，但很容易把最基本的事实弄清楚。如果案件很复杂，我就一定会到当地法院的公开信息里找庭审资料，很多案子甚至可以找到法医提供的证据材料。

这是一个穷尽自己力气把整个互联网世界所有可以找到的资料全部摆在面前的过程。在这之后案子烂熟于心了，下一步再去思考怎么讲这个故事。

a　从记者角度来看，能看出《黑猫》很注重讲故事的文本，你通常是怎么构建一个故事的？

M　一个故事有很多种讲法，比如倒叙、叙诡，或者呈现 A、B 面。某个罪案最适合什么讲法是整个文本中最重要的一步。一开始，我并不知道怎么讲故事吸引人，只是大致按写新闻稿的方式完成，但是把基本事实讲清楚对于播客这种长音频而言是不够的，怎么能让听众不走神也是一门学问。

悬疑类播客有一个很重要的规则，就是要不停去吸引听众一步步进入案件的核心，这需要在文本中"埋钩子"。我会大概计算一下，每隔 5 分钟或者 10 分钟设置一个伏笔，或者揭开一个疑点，就像《名侦探柯南》里门一关一开的感觉，我会用文本和音效来设置这样的停顿感和章节感。

故事情节方面，需要给听众一种代入感。比如我曾经讲述过一个 8 岁女孩绑架案受害者詹妮弗，节目里我会引导听众闭上眼睛，想象被割喉后无法呼救的场景，紧接着对比风和日丽，甚至能听到孩子们快乐奔跑的外界环境。这时受害人的绝望能够一下子被感知到。

a　你提到自己心中有个罪案库，想讲的案件会从里面调取出来？

M　罪案库目前有大约 100 个案子，有时候看到感兴趣的我就往里加，不够精彩的案子也会往外删。我的手机记事本里会记录一些大概的案件信息。

美国的罪案类播客会有非常详细的案件分类，我也有分类，比如连环杀手、高智商犯罪、抢劫案、跨国案件、古早案件。我还会按照犯罪动机分类，比如复仇、钱财、释放性需要，还有一栏是"手段极为残忍"。

a　相较于其他类型内容，叙事类内容在商业化上是相对"吃亏"的，《黑猫》是什么时候开始有收入的？

M　从第一期付费节目开始就有收入。最开始并没有特别好，不能支撑实际付出的时间和精力成本，但聊胜于无，收入对于刚起步的播客来说是一种鼓励。其实到目前为止我推出的付费节目并不多，我也不是特别想去消耗听众的热情，总是希望尽可能给大家提供更多免费但倾尽全力的好作品。不知道这算不算讨好型人格。

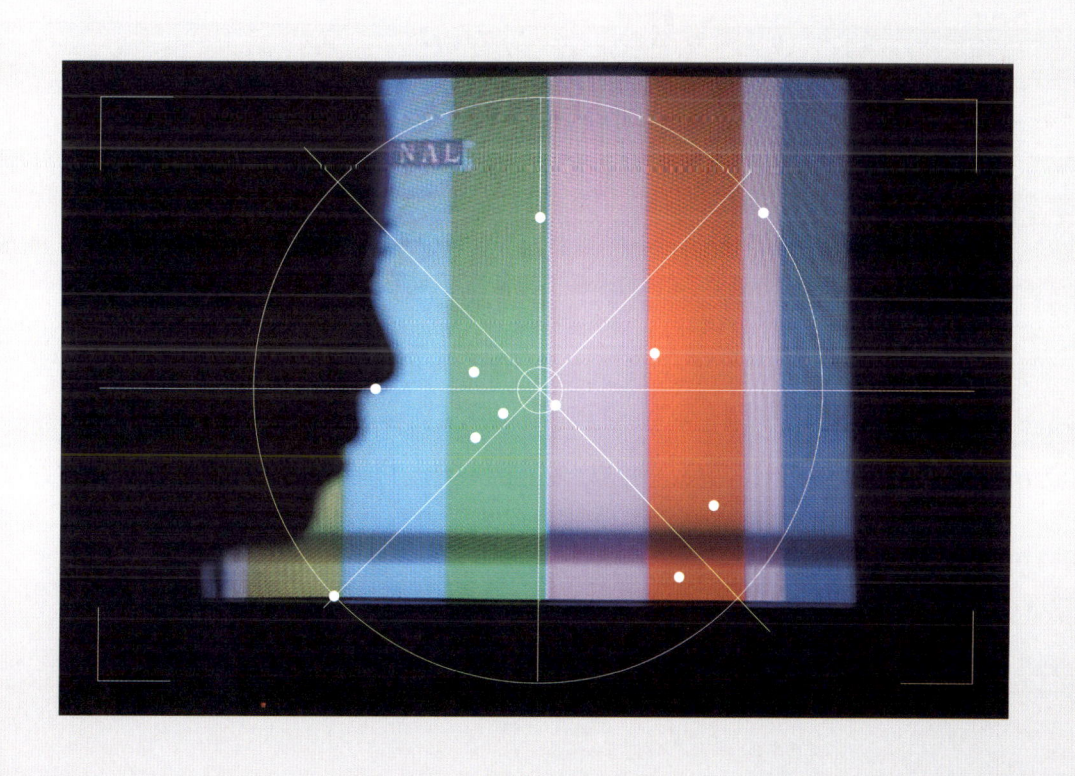

83

a 除了付费节目收入，目前在品牌投放方面的商业化情况如何？

M 陆续有品牌来找《黑猫》做投放，可能和大家固有认知不一样，这些投放的效果非常不错。分析原因，可能因为我们的听友大多是住在一、二线城市的 18~35 岁的年轻人，他们对海外文化有开放态度，再加上故事题材的特殊性，用户黏性和每期的打开率、完播率都很高。

a 怎么理解和听众之间的互动和关系？

M 我发现，其实想认真讨论案情的人并不多，更多的人会在评论区宣泄一些情绪和感受。比如案子里有一名受害者境遇很糟糕，有听众就会一直抒发对这一部分遭遇的感受。每个人会对罪案有不同的理解。我极少和听众做互动，除了剪辑结束后完整听一遍，我几乎不会再去听自己做过的节目。作品发布后，就像一束电波被发射到宇宙，几十人听、几百万人听，都不再与我有关。

a 未来还想做哪些更多的尝试？

M 声音设计是我非常想要研究的事情，播客里的配乐和音效，就像电影里的镜头语言，也是叙述的一部分。很多国外播客有成熟的声音设计团队，我期待能在国内找到这样的团队，共创好的声音作品。

▶▶ 如今最喜欢的播客依旧是《谐星聊天会》。本以为打动
才体悟到在话题背后浓浓的人文关怀。观众不仅是在台下的
么美，企鹅又想北极熊了吧》这期是我的珍藏，看似插科

你喜爱的主播们，
都在听什么？

《我们为什么会受骗》	EP2
《你经历了什么》	EP7
《分手心理学》	EP17
周岁的羁绊》	EP22
《不原谅也没关系》	EP23
《煤气灯效应》	EP34

04　效率管理

当在耳机里听见熟悉的声音时，你是否偶尔也会好奇，主播们平时都听什么播客，
又有什么样的幕后故事？来看看他们的分享吧。

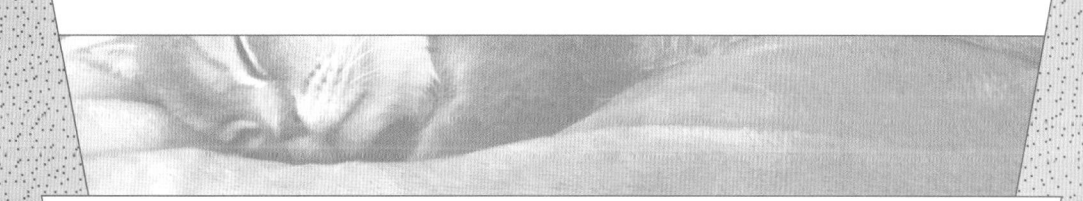

▶▶ 播客还有一个特别之处在于，它是在交流中间生成内容
四个人是最好的。另外就是不能有明确的问题，一列问题就
中共同完成，有一定的未知性甚至误解。可能大家对一句话

采访&撰文 / 幺幺　　编辑 / 杨慧

▶▶ 大概在 2020 年,《无聊斋》找我去录一期节目,我才接触到播客这个形式。此后听得不多,主要还是听熟悉的朋友做的节目。现在可能每周也就听几个小时,通常是在不太需要注意力的时候,比如在家用电脑工作时,我会用手机连上蓝牙音箱,听一些比较感兴趣的内容,比如梁文道的《八分半》。

最喜欢的播客节目还是《谐星聊天会》,它的气场比较独特,因为有观众,有一种在场感。我最喜欢的一期是几位主播给父亲写了一封信,并且收到了回信,在现场读信。他们的节目就像策划综艺节目一样,会有整个一季的时间节点,做比较长线的招募和现场管理。

我记得东东枪有过一个说法,把播客比作"社交罐头"。因为它的主要受众群体还是一、二线城市的年轻人,他们的日常生活是一种流动的状态,而播客就把一群人的想象和体验封闭起来,提供了这样一个场景。罐头这个比喻有两个妙处,一个在于其封闭性,另一个则是它其实是一种替代食品。

区别于传统的电台,播客的气场是最重要的,不同播客的"场"不太一样。有的播客像一个沙龙,就是几个朋友聚在一起闲聊。比如我有很多朋友爱听《Nice Try》,说就是喜欢听他们笑,但这个很重要。《文化有限》那么火,他们自己分析原因,也说可能就是三个朋友的气氛,能让听众感觉自己是在场的第四个人。

播客还有一个特别之处在于,它是在交流中间生成内容的。因为现在播客大部分还是多人的,我们通常认为三四个人是最好的。另外就是不能有明确的问题,一列问题就可能会变成访谈,最好是有一两个话题,然后在沟通中共同完成,有一定的未知性甚至误解。可能大家对一句话有不同的理解,在评论区就会形成新的讨论,我觉得这个是很好的。播客在生成的过程中有一种公共性,但它又是一个相对私密的场,巧妙就巧妙在这种含混里。

我做节目的很多技巧其实来自一些非常有经验的嘉宾,比如有一期请到了之前《半边天》的主持人张越老师,当时她就说什么都行,但是别把话叠到一起,因为后期处理起来会很麻烦。这是非常基础的技术,但是代表着对她来说像空气一样自然的职业习惯。还有作为主播不应该代入嘉宾,应该对齐听众,有时候得代表大多数人问一些傻问题,有点像主持人,或者相声的捧哏,要把自己奉献给听众。

我有一个无法实现的愿望是,请史铁生老师上节目。另外还有王朔,我看他近期的书,完全想象不到是三十年前写那些东西的人,我特别好奇他现在在想什么,会说什么。

▲ 这是我们早期在家录制节目用的一个线圈话筒,直接连到手机上就能用。前面四五期我们折腾过很多设备,包括专业的录音台,中间还因为设备问题丢了一期节目。但后来有经验的朋友跟我说,这种简单的设备其实最好。我就觉得最简单的事情,也要经过一个看上去非常不值得的过程。

贾行家
《大望局》主播

▶▶ 2019年买了车之后，我开始高频听播客。最早喜欢的节目多是生活类和人文类，毕竟那时候这种类型是主流。后来播客丰富起来，听的节目也很多样了。如今我收听的主要是三类：一种是喜剧类，像《谐星聊天会》《不开玩笑》《正经叭叭》《三个火呛手》，在心情不好的时候提供情绪价值；一种是社会文化类，像《忽左忽右》《文化有限》《电影巨辩》《没折腰FM》，可以拓展新知，很像过去订阅的文化杂志；最后一类有些特殊，没有特定的播客节目，而是主要围绕某些关心的话题去搜索，播客内容里常有很不错的资料能获取，例如"去日本京都旅行的体验和建议"等。

如今最喜欢的播客依旧是《谐星聊天会》。本以为打动我的主要是喜剧演员们出梗的密度和质感，听多了之后，才体悟到在话题背后浓浓的人文关怀。观众不仅是在台下的笑声，还是会讲述自己故事的鲜活的人。《今晚月色这么美，企鹅又想北极熊了吧》这期是我的珍藏。看似插科打诨中闲聊浪漫，居然也聊出了文学性，后劲十足。讲述葡萄味的美年达的段落，听完可以三日不知肉味。

声音在包含信息的同时也包含了情绪，而较长篇幅的声音传递会建立一种奇妙的情感连接，这是多数图文和视频达不到的。所以也有种说法，"播客是一种有温度的媒介"。作为主播的感受也很特殊，像是在与听众交谈。在家里跟父母喝茶，在咖啡店与同事聊天，在夜宵摊和老友相聚，在酒吧同陌生人闲谈……播客可以是任何一种真实的交谈，是生活化的，有完整性的，充满耐心的。这在如今碎片化内容消费大行其道的时代，尤为珍贵。

我很想在《半拿铁》聊聊中国互联网的故事。硅谷的故事已经聊过了，可能是近乡情怯，对于自己曾经身处的行业，想要聊满意就更难了。准备再花几年时间沉淀一下，期待能讲出品质更好的、完整的中国互联网发展史。

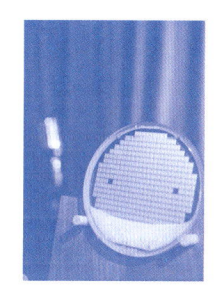

▲ 这是《半拿铁》的第一个周边，一块杯垫。内嵌了从真正的芯片工厂拿到的报废晶圆片，用来纪念我们曾经讲过的中国芯片故事系列，也借此向行业前辈致敬。由于报废晶圆片的样式各不相同，每个人拿到的几乎都是孤品。现在限量的杯垫早已售罄，它成了我们跟早期听众的一种奇妙的情感连接。

刘飞
《三五环》
《半拿铁》
主播

▶▶ 我从很多年前开始听外文播客，在美国从事投行工作的时候常听财经和商业类，中文播客是从 2022 年开始听的，然后发现有这么多好玩的东西，跟外文播客很不一样。

我没有特别固定要听的节目，通常会搜索比较感兴趣的话题去听。有一个比较长情的播客是《燕外之意》，因为它有些反热点，会聊很多不常被提起但又值得关注的微小话题，尤其是关于女性的，总能聊出不一样的角度。其中最喜欢的一集是《东亚发疯实录》，深入聊到东亚家庭父母的掌控欲给孩子造成的心理问题，很能让人共鸣。我记得里面讲到一处细节，是一个女生回家，妈妈一直在耳边唠叨，她就突然跪在床上磕头，大叫"师父你别念了"，特别有代入感。

我觉得一档好的播客节目，主播一定要有自己的内容，并且要真正内化之后再讲出来。我关注的播客主要有两大类：一个是陪伴类，主播需要有一些个性和特色；一个是内容类，聊什么都可以，信息量可以很少，只要把一个点讲清楚，有对深层问题的思考，就是好的。因为每个人都有天然的好奇心，虽然大多数事情与我无关，但背后的原理都跟我有关。

有一部分社交媒体是利用人脑的弱点，让人欲罢不能，播客就不存在这个问题。但播客可以实现"捆绑策略"，把占据视觉但不得不做的无聊事情和有趣的事情绑定，比如在通勤路上听播客，通勤就会变得很有趣。另外相较于传统的音频节目，播客的节目量很大，更新也很快，你不用担心听完这期之后没有东西听。

我一直有这样的习惯，会琢磨一个内容为什么吸引人，去思考一些商业规律。播客作为一个产品，做一档播客也像运营一家公司一样。做《纵横四海》的初衷只是做个云盘，它像一本大百科全书，未来我还想做一些分册，比如商业案例分册，讲一些商业故事；或者女性专题，梳理一下我当下对这个话题的困惑；再比如做"职场第一课"之类的付费节目。

▶ 我做节目时经常会面临一些信息量非常庞大的选题，筹备期如果用纯文稿形式，思维的负担就会很重，所以我常借助一个叫"Xmind"的 App 来辅助生成思维导图。

携隐
《纵横四海》
主播

人类使用说明书

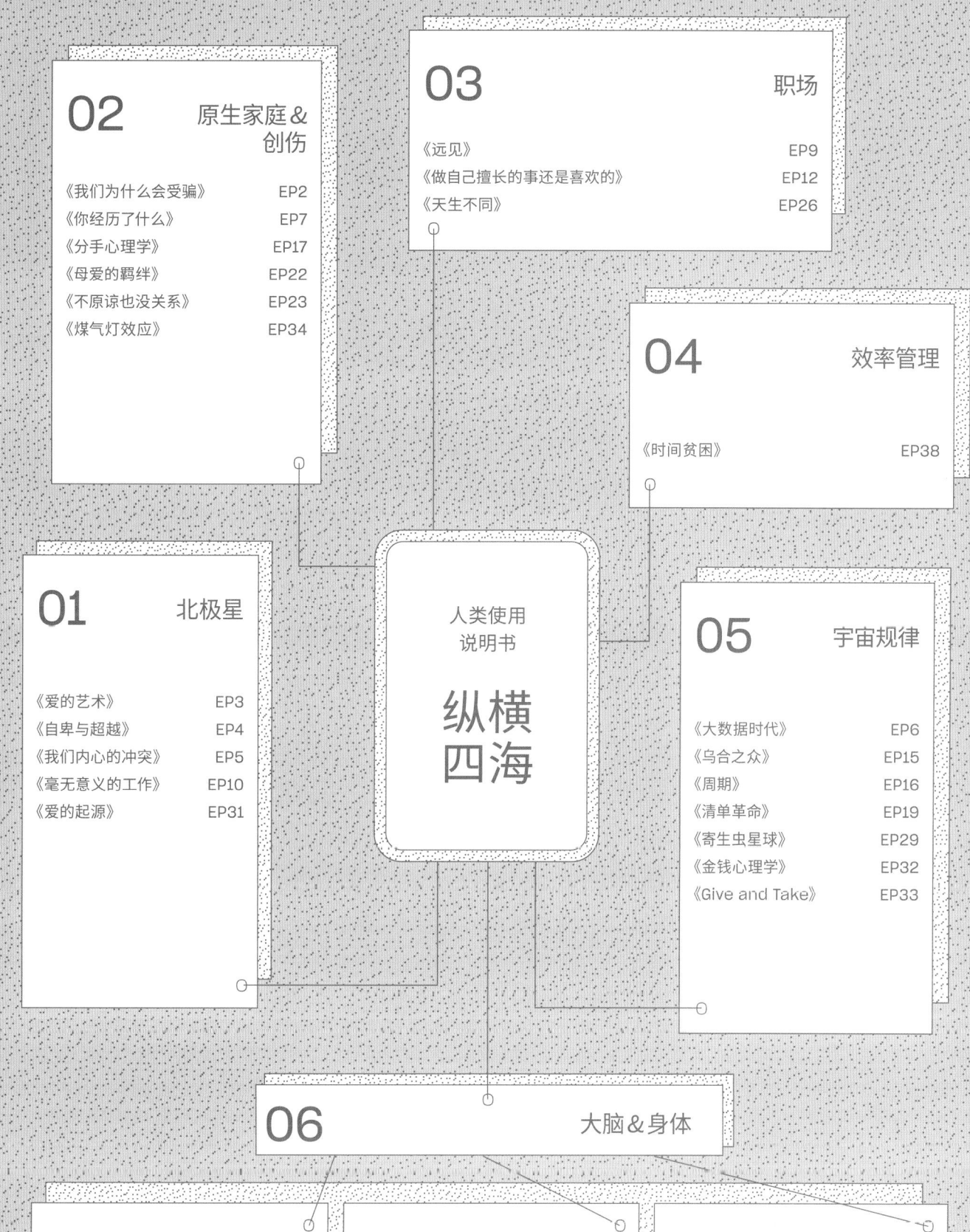

纵横四海

01 北极星
- 《爱的艺术》 EP3
- 《自卑与超越》 EP4
- 《我们内心的冲突》 EP5
- 《毫无意义的工作》 EP10
- 《爱的起源》 EP31

02 原生家庭&创伤
- 《我们为什么会受骗》 EP2
- 《你经历了什么》 EP7
- 《分手心理学》 EP17
- 《母爱的羁绊》 EP22
- 《不原谅也没关系》 EP23
- 《煤气灯效应》 EP34

03 职场
- 《远见》 EP9
- 《做自己擅长的事还是喜欢的》 EP12
- 《天生不同》 EP26

04 效率管理
- 《时间贫困》 EP38

05 宇宙规律
- 《大数据时代》 EP6
- 《乌合之众》 EP15
- 《周期》 EP16
- 《清单革命》 EP19
- 《寄生虫星球》 EP29
- 《金钱心理学》 EP32
- 《Give and Take》 EP33

06 大脑&身体

a. 人脑神经学：大脑的基本原理
- 《情商》 EP8
- 《潜意识》 EP18
- 《手机大脑》 EP30
- 《习惯的力量》 EP35

b. 人脑神经学：认知科学
- 《大脑喜欢听你这样说》 EP27~28
- 《刻意练习》 EP20
- 《笔记的力量》 EP21
- 《大脑想要这样学》 EP37

c. 身体
- 《如何成为优秀的大脑饲养员》 EP11
- 《精力管理》 EP13
- 《我们为什么要睡觉》 EP14
- 《更壮更瘦更强》 EP25
- 《战斗细胞》 EP36

▶▶ 其实我不是典型的播客听众，但之前很喜欢听一些广播节目，比如梁冬和吴伯凡的商业脱口秀《冬吴相对论》，第一次感受到读书学习是一件令人向往且快乐的事，两名老师一位博学，一位风趣，他们的对谈和思考给了我很多启发。

我现在常听的音频节目是《樊登读书》，通常是中午困了想睡觉却又睡不着的时候听，本来想吸收一些知识但总是很快就听困了。樊登老师声音很好听，很像旧时的电台主持，对书的理解也比较透彻。

相较于其他内容形式，播客更像一种休息。眼睛睁着是很容易"耗电"的，但只听声音，会觉得进入了一个洞穴，安静而温暖。好的播客不该是自我宣泄的产物，应当通过真诚的思考和表达，让听众有些收获。

我这个人做节目没什么技巧（也不知道这是好事还是坏事），未来节目里想请的嘉宾可能是刘亦菲或者王菲吧，可能就是喜欢带"菲"字的。

▲ 每次录播客，我家尼采（猫咪）都会趴在旁边静静听着。

思文
《思文，败类》
主播

▶▶ 我从 2019 年左右开始听播客，现在听得很少了，偶尔会听些偏生活、社会观察和影视剧评论的节目，通常是在洗澡或者散步的时候。

虽然这么说显得有点自恋，但我最喜欢的播客就是《思文，败类》，其次是《李诞》。我偶尔会听知识类播客，但有时候会觉得负担有点重，总要攒一攒找个空闲的时间听，听纯闲聊的节目又会觉得浪费了好多时间。这两档播客就会中和一些，虽然没有密集的知识，但听了也会有一点小小的收获，点开的时候就不太会有心理负担。同时作为制作人，我也很喜欢自己做的节目，不然也很难做好。

每种内容形式都有自己的优势和劣势。图文很有想象空间，但不够直接；视频很完整地呈现人的状态，但似乎又缺少了想象，注意力也会分散到身体各处。播客很直接地让我听到人的声音，语气和表达都能保留，与此同时，听众只能调动耳朵，这样注意力就会相对集中。而且大家在听播客的时候，通常都是孤身一人，和主播会有一种很亲密的感觉。

我一直有个想做的形式，就是音频版杂志。有听众说每周等更新，很像上学的时候等杂志，我就想每月有一期做成杂志的感觉也挺好的，在那期里面聊人物，聊某个专题，聊趋势，聊生活方式，聊线下演出，聊好物推荐，做成很丰富的 期，也很有意思。

▲ 我和思文一人有一个日历本，记录每天要做的事情。开始的时候我还写得很勤，最近懒散，就没怎么记录了。但播客的录制和播出节点还是一直在记录，算是我散漫人生中的一个小锚点吧。

袁袁
《思文，败类》
主播

▶▶ 我是从决定要做播客的时候才开始听的,最早听的是梁文道老师的《八分》,也会听我的制作人梵一如的《井户端会议》和《东亚观察局》,包括他之后的付费节目《梵高MoneyTalk》。总的来说,我比较喜欢偏政治、文化、财经类型的节目。

我觉得这些节目仿佛跟我建立了一种亲密的听者和主播之间的联系,我在节目当中听到了主播们的成长,以及他们对于这个世界的认知的变化,能清晰地感受到他们的情感。我喜欢听情感比较真挚的播客,主播们会聊一些关于自己的事情,我觉得很有意思。对我来说真挚是非常重要的。

最喜欢的一期是我自己节目里的。那时候正好在看《再见爱人3》,这个节目对我来说也非常有亲切感,所以看完就跟大家聊一聊婚姻以及怎么样才算是婚姻中的分手。当时的情感非常充沛,我后来在回听的时候,还跟着哭了一场。回头想想,这是属于自己的一个很重要的记忆。

我觉得播客内容是要包含一定的价值观的,它的价值观要跟它的听友匹配,大家才会对某些事情有共同的或者很接近的看法,我们在某个范围里面进行讨论的话,会有一种找到知音的感觉。一个好的播客主播,一定是情感非常细腻,同时共情能力也非常强的人,因为他可以照顾到听友、嘉宾的感受,同时还要照顾到自己的感受。另外还有很重要的一点,是不盲目地去追热点而不关心事件的真实性。

听其他播客的时候,我会收获一些灵感——原来这些内容是可以分享的,原来主播们还有这一面。我就会告诉自己,不要害怕去展现一些观点之外的东西,生活中比较私人的碎片也可以拿出来分享。

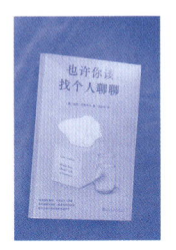

▲《也许你该找个人聊聊》是一本心理学的书,读的时候非常感动,于是专门录了一期节目分享它。这本书还给了我很多关于倾听、交流的技巧,让我在做播客的时候更有同情心和表达的勇气,同时也更温和。

佟晨洁
《佟晨洁的"正常生活"》
主播

▶ #3　　　　　　播客生态中生长出什么

方言播客：念念不忘的在地声景

撰文 / 柴郡 周书宇　　企划 & 编辑 / 杨慧

方言播客的声音划界

特别对话 /
梵一如　《井户端会议》
　　　　《东亚观察局》
　　　　《上海闲话》
　　　　播客主播

(a)　　　(F)
about　　梵一如

(a)
如何看待方言和活语言之间的关系？
(F)
活语言的进化自有方向，但也受到方言的影响，比如"埋单"（粤语）、"嘚瑟"（东北方言）这些明显的各地方言里生活化的词汇，如今都已经进入普通话的语言体系之中，而且这类影响，往往是该方言所在的地区经济和文化影响力的一种体现。改革开放初期，广东的经济第一波崛起，再加之香港地区娱乐文化的助力，很多粤语词汇开始影响非粤语区的人并进入普通话体系之中，而随着以"春晚"为代表的国家级文艺表演平台被东北地区出身的演员艺人"占据"，东北方言又开始影响普通话体系。研究这类现象本身，也会对国家的发展有新的认识角度。

"做啥子啊""长远弗见""且着呢""得劲""你好嘢"……我国各地方言颇具多样性，东西南北中，叮呤哐啷，南腔北调，备四方之乐。据民国时期上海广播电台节目表显示，彼时上海各政府、民营、外国电台使用的播音用语主要有国语、粤方言、闽方言、上海话、英语、俄语、德语和韩语等，混杂的声波在城市上空缭绕，尽显一派"洋泾浜"声景。口音、语调、音色带来了声音的"质感"，热闹归热闹，若要互相交际沟通、减少差别分歧，语言的统一便兹事体大了。

从20世纪初开始，为了能让国语在各地方言中取得最大限度的统一，我国语言学家付出了极大的努力，甚至于1919年出版了《国音字典》，商定出一种折中各主方言区方言的人造国语。这种人造国语兼顾南北各地方言，保留部分古老的吴方言辅音、粤语中的尾音，以及入声。然而这种人工炮制、取众多大相径庭方言之平均值的语言却失败了，并未广为流传。1925年，瑞典汉学家高本汉给语言学家赵元任寄了一封信，认为活语言（现代语言）的进化自有方向，不以想要如何说话的某种特定意志为转移。应该选择一个活的语言作为规范，让以它为母语的人们去影响其他人，从而扩大其影响。无论是随后一系列的语言革命，还是中华人民共和国成立后推广普通话的举措，似乎确实沿着这一逻辑，逐步形成了我们现在以北京语音为标准音、以北方话为基础方言的语言规范体系。

面对较为复杂的语言环境，广播电视媒体也由此肩负起推广普通话规范使用的重任，因而"能操流利之普通话，音色清晰"便成了广播电台播音组的首要标准，日后更是进一步对方言使用的范围、方言节目的播出时间都加强了监督管理。有意思的反差在于，"普通话播报"承担对内普及的重要职责，"方言播报"则属于对外宣传的特殊任务。1950年的中央人民广播电台国际台会使用厦门、潮州、广州、客家四种方言播报用语对海外广播，加强与海外华人华侨的联系。广东广播电台除用广州话、潮州话播音外，又陆续增加了用海南话和客家话播音。

与"一对多"单向传输的广播电视媒体不同,播客作为互联网时代的新生媒介,拥有选择更具个性化的细分听友,以及更为灵活的内容制作和分发渠道,主播普通话是否流利、标准显然并非听友的首要考量因素。即便如此,由于媒介技术和文化资本在地域上的分布不均,中文播客发源于北京和上海,因此衍生出"京派播客"与"海派播客",从声音的表现力上也笼统有了"北方播客"与"南方播客"的划界。

(a)
海派播客是否具有统一的特性？
(F)
京派播客的先驱者，很多是音乐圈出身的人，比如乐评人、音乐公司高管、乐队成员等，同时他们对于播客的早期想象是"音乐点播电台"的延伸，"聊一会儿天放一首歌"，这种类型的节目信息密度天然地不用很高，也塑造了早期播客听众对于播客内容类型的初步概念。

而海派播客的主要力量是媒体人，其中不得不提第一财经（我们私下称其为海派播客的"黄埔军校"），除我本人之外，JustPod 的创始人、喜马拉雅的副总裁级高管等都出身于第一财经，如果再算上界面新闻等"一财"系媒体出来做播客的人，那就更多了。

媒体人出身的人做播客，一大特点就是看重内容策划，简单讲就是一期节目必须"聊点什么干货"，这就导致需要做更多的前期工作，包括选题会、邀请嘉宾、整理提纲，再"卷"一点的主播还会跟嘉宾提前沟通几轮甚至"预录"节目。这一点可能是海派播客一个比较普遍的特性吧。

这样的声音划界逐渐与地域印象紧紧捆绑在一起。在自媒体少数派的征文访谈中，京派播客《日谈公园》的主播李志明曾说："我觉得北京人整体还是没那么大压力，做东西图个乐，没问题。"类似地，在播客同好们的普遍印象中，京派播客主播们很多从事文娱行业，主要以娱乐陪伴为主，兼具说学逗唱等多样化形式，而北方声音的标准特质也让听友分布更为广泛。相比之下，海派播客主播们则多有海外教育或工作背景，深耕于各自的专业领域。在他们的播客中，知识的密度会更大，话题选择也更为精细，JustPod 创始人、海派播客《忽左忽右》主播程衍樑也在访谈中自辩道："你如果对这个话题不感兴趣，它就是非常枯燥的节目。"当然，这样的划界显然过于简单粗暴，在容量无限的播客平台上，总会不断出现更加文化多元、解域化的播客节目，方言播客像一株株奇花异树在不同地域生长出来，用方言塑造出地域边界；又像一枚枚小石子投入水中，让质感不同的声波漫散开来，与其他声音彼此交叠、回响。

媒体文化中的方言声景

(a)
身为上海人，你如何品味《繁花》里的沪语？

(F)
首先，《繁花》里的沪语并非"标准"沪语，那些所谓"标准"沪语的特点（尖团音等）在现实生活中鲜少有人使用，大多出现于舞台表演的场景，比如滑稽戏和沪剧。王家卫拍《繁花》并不是为了宣传标准沪语，所以他要求演员用最自然、最生活的状态说沪语台词，因为一旦背负"标准"之义，演员的表演效果就会有损失，这是舍本逐末。所以在最终呈现的时候，剧内一批"80后"上海籍主演使用的是生活中最自然的沪语口音。尽管有一些"沪语警察"会指出"20 世纪 90 年代的人还不会说这个词"或者"口音不标准"等，但作为一个文艺作品，这是最好的呈现效果。

(a)
为何想要做《上海闲话》这样一档方言播客，内容上都聊些什么？

(F)
2013 年我受当时《大内密谈》两位主播相征、李志明的影响开始做播客，普通话节目《井户端会议》应运而生，搭档是我上海的大学同学，所以就很自然地想到，是不是可以再做一档上海话的播客节目，于是《上海闲话》就这么诞生了。《上海闲话》的内容用一句话讲就是：只要是用上海话，我们啥都能聊。正是因为语言的特殊性，这档节目听众的黏性很强，基本上聊什么都可以，大家都愿意听一听，甚至给自己的孩子听，让他们有一个难得的沪语环境。

在很长一段时间内，当人们提到方言，都会想到"土"这个字。东北的"二人转"很土，湖南电视台《越策越开心》"策"出来的脱口秀也很土。虽然《武林外传》有各种方言大杂烩，令演员们出场就自带了一种幽默感，但其中的方言往往经过了艺术的改造，去掉了粗俗的表达。即便如此，《武林外传》开播已逾十年，仍有不少网友在豆瓣上热烈讨论剧中出现的方言。胡适曾在为《海上花列传》所作的序中写道："方言的文学所以可贵，正因为方言最能表现人的神理……方言土语里的人物是自然流露的人。"影视剧中，恰恰是方言所具有的这份"土里土气"的草根性，使得剧情十分"接地气"，人物也更为鲜活灵动、真实可感。

方言的音律质感也和音乐进行了巧妙的结合，可以让人纯粹地感受声音的律动，这也极大推动了方言的传播。因综艺节目《乐队的夏天》出名的乐队九连真人便是以客家话作为演唱语言，而斯斯与帆乐队的《马马嘟嘟骑》则根据湖南常德丝弦进行改编演唱，自然而然地使用了常德话。而在那之前，台湾音乐人林生祥与他的交工乐队为了音乐创作，拜访了美浓当地会唱客家山歌的乡亲和客家八音艺人，拜访了当地民谣艺人学习民谣乐器弹奏，也采访了无数的学者与乡民，找出民谣音乐与美浓族群的关联性，用他们的客家民谣影响了后续一批批使用方言进行创作的音乐人。

如今，短视频像加速器一样飞速生产地方意象，当各地"网红景点"不断同质化、平面化，甚至"去地方化"之时，反而是种种具有方言视听特色的影视剧，让缺失已久的地方感重新出现。到了 2024 年，谁还没有从《繁花》中学到几句上海话？阿宝戏称汪小姐的"碰哭精"，指的是娇气的小朋友，而汪小姐笑骂宝总的"十三点"，则是用来形容那些傻里傻气的人。观众发现，沪语版本的《繁花》比普通话版的要有味道不少。2024 年 4 月上映的电影《乘船而去》，具有非常鲜明的江浙地方影像特征，不过主要演员用的是带些方言词和口音的普通话，这使得导演不断被评论追击："普通话太好了让我感到有点出戏。""为什么不用吴语方言？""后期配音做成方言也可以呀。"在地性和方言的视听统一成为一种自下而上的"高标准、严要求"。

在方言突显的当代媒体文化之中，方言播客可谓恰逢其时、吾道不孤，声音特别的质感为在地文化的生长提供了多种可能性。潮汕方言播客节目《听潮 HearTide》用方言的分享推动着潮汕在地文化的创新，以及四海潮汕人的乡土认同。主播李梓新从 2014 年初在潮汕地区发起的方言分享会，在数年的时间里，演化成了方言 Rap 祠堂音乐会、潮汕文创、潮汕人故事分享等形式，让被遮蔽、被排除的繁复生命力再次冒出来。网络空间的无远弗届，反而让方言突破了地域限制，即便在远方，也可以重新建立连接。粤语播客《来日方长》的简介这样写道："这是一档有点吵的广东话节目，两个女生，一个在广州一个在澳大利亚，一些越洋对话和一些我们对生活的思考"；《你讲乜嘢》也是以粤语为主的播客，生活在意大利的主播 Siri 和身在广州的主播玛利奥爱蘑菇共同分享生活中的种种。这些主播就像如今漂在各地的年轻人的化身，想用方言将自己重新与故乡这个母体连接，用乡音再次传递出沉寂的地方经验，找到"知音"。

在《空间与地方》一书中,段义孚不断追问:"什么是地方?什么造就了地方的特殊性和氛围?"一个地方有一个地方长期形成的声音环境,它看不见摸不着,却烙印在当地人的身体感知之中,甚至成就了一种区域化的、团体性的文化传统。这种声景既是生活其中的人们所处的环境,又由他们所打造。现在这样的声景又在方言播客中重新长出来,这样的"地方"不再是静态的、固定的,而是重构起一个个既在当地又在往昔的另类想象空间,让人们对于地方的依恋情感得以充分表达。原本有地域门槛的方言获得了更多的理解和共情,反而成为可以深入探索与品味的宝藏。

qi

且

maai4 daan

埋单

zuo sha zi a
做啥子啊

zang yu fa ji
长远弗见

ne ne
呢

de se
嗯瑟

nei5 hou2 je5
你好嘢

dei jin
得劲

在声音中生长的恋地情结

对"旷野"的形容在网上很是火了一阵，年轻一代拼命逃离被框定的轨道，奔向陌生、未知的远方，想要将一度束缚自己的故乡抛在身后。那些离家的年轻人，后来都怎么样了呢？离开故乡的贾樟柯，兜兜转转，仍将镜头聚焦回那片土地。也有人晃晃荡荡，找到了第二故乡，迫切地想要觅得自己在这座城市里的归属感。

无论是哪种情况，人们总在不经意间对一个地方产生情感眷恋甚至是依附，这便是"地方感"。方言播客正是通过声音建构这种地方感，它们记录、制作、合成及播放所在地方的生活声响，把城市时空坐标烙印在认知、行为和情感上——声音不仅帮助建构身份，而且建构社会关系。主播讲述自己日常生活中具体事件和片段感受的声音，携带着这个城市的节奏，构成城市声景的一部分。或是像《小房间》、《野地电波》那样用本地方言讲述身边青年故事和经历，或是像《凹凸电波》某期"杭漂"节目那样，尝试暂时借用他乡方言来讨论当地的吃喝住行，或是像《城事边记》那样直接制作城市藏本的声音记录，讲述广州"80后"亲历的城和事，都是在不断地明确自己发声的具体地点。

(a)
《上海闲话》的听友都是谁？听不懂上海话的听友在听什么？
(F)
据我自己不完全的统计，主要听友是普通上海市民，年龄在20～50岁，其中很大一部分是在外地或海外生活的上海人，留学生群体尤其明显。还有一部分是在上海生活或生活过的外地人，大家出于兴趣来听，也是边听边学。《繁花》的热播影响了一部分新上海人燃起对上海话的学习热情，这一点也是非常明显的。

(a)
《上海闲话》带来了什么样的地方感？
(F)
我反而想举一个上海的"异乡在地感"的例子，这是一条很多年前给《上海闲话》节目的留言，留言听友是"三线建设"的第三代上海移民，爷爷辈儿为了国家工业生产建设，将一个厂子整体搬到了西南地区，在厂区和宿舍大院里大家见面说上海话，关起门来小家里也说上海话，但一旦进了城，就要说普通话或者当地方言。随着岁月流逝，到了第三代的时候，厂区没了，原来一个厂的人也散落各地，那位听友说，他们只有回家时简单说一些上海话的机会。他鼓励我要一直更新下去，因为他的爷爷会在全家吃饭的时候公放《上海闲话》节目，全家就这样一遍遍地反反复复听。那条留言，我记了差不多10年，也是每当我更新乏力的时候，督促自己不能停更的一个重要动力与激励。

这些声音关联起城市地理和日常生活当下或曾经的"此时此地"。方言播客的陪伴性和熟悉感，让听友能够很快找到一种安心的感觉和彼此之间回荡的共鸣，继而沉浸在一个巨大的舒适区内。方言是自带GPS（全球定位系统）的语言，这种声音定位能让听友明确知晓彼此同处一城。在《上海闲话》的听友群中，大家纷纷聊起随方言播客而来的好处——大家关心的小事都是互通的。你会知道有人很喜欢在上海漫无目的地感受城市的温度，来回走路；你会知道有人觉得无法在此扎根，对上海的网红店和朋友圈感到厌倦，于是回到自己的岭南，去重新挖掘故乡的口述史，毕竟探索生活的地方并不只在远处。

(a)
你如何理解方言播客的价值？
(F)
绝大多数方言都会逝去，在它们走到终点之前，身为一代使用者，我想为它留下一些声音的记录，或者可以称之为史料。如果要做方言播客，唯一需要记住的就是：别在意播放量。

方言有属于它自己的传播魅力，但真正重要的仍是由它所讲述的内容。在声音切换、融合的氛围中，自我可以是不稳定、不断转化的，就像人类学家凯瑟琳·斯图尔特（Kathleen Stewart）诗意的描述："自我在运动和环境中塑形，由新的事物呼唤而出，或深埋于惯习的岩层里。"方言播客的主播们也不愿被简单地贴上地域化的标签，他们只是在表达某种特定场景、某个特定人物时，使用了最合适的语言。正是这日常和俗世的声响，构成了一次次非线性的、充满变数的时空变迁。

播客里的"长住民"

采访&撰文 / 贺果沙　编辑 / 周依

1 小时如果不算长，那么 1,000 小时、10,000 小时呢？

我们用不同的时长去标注内容、想象受众。

那么，用这么长的时间听播客的人，现实中过着怎样的生活呢？

播客的意义，也许就在这些"长住民"的自述里。

听友ID @七个梦

在制造业从事品质管理工作，耳朵闲时就会听播客的普通听友

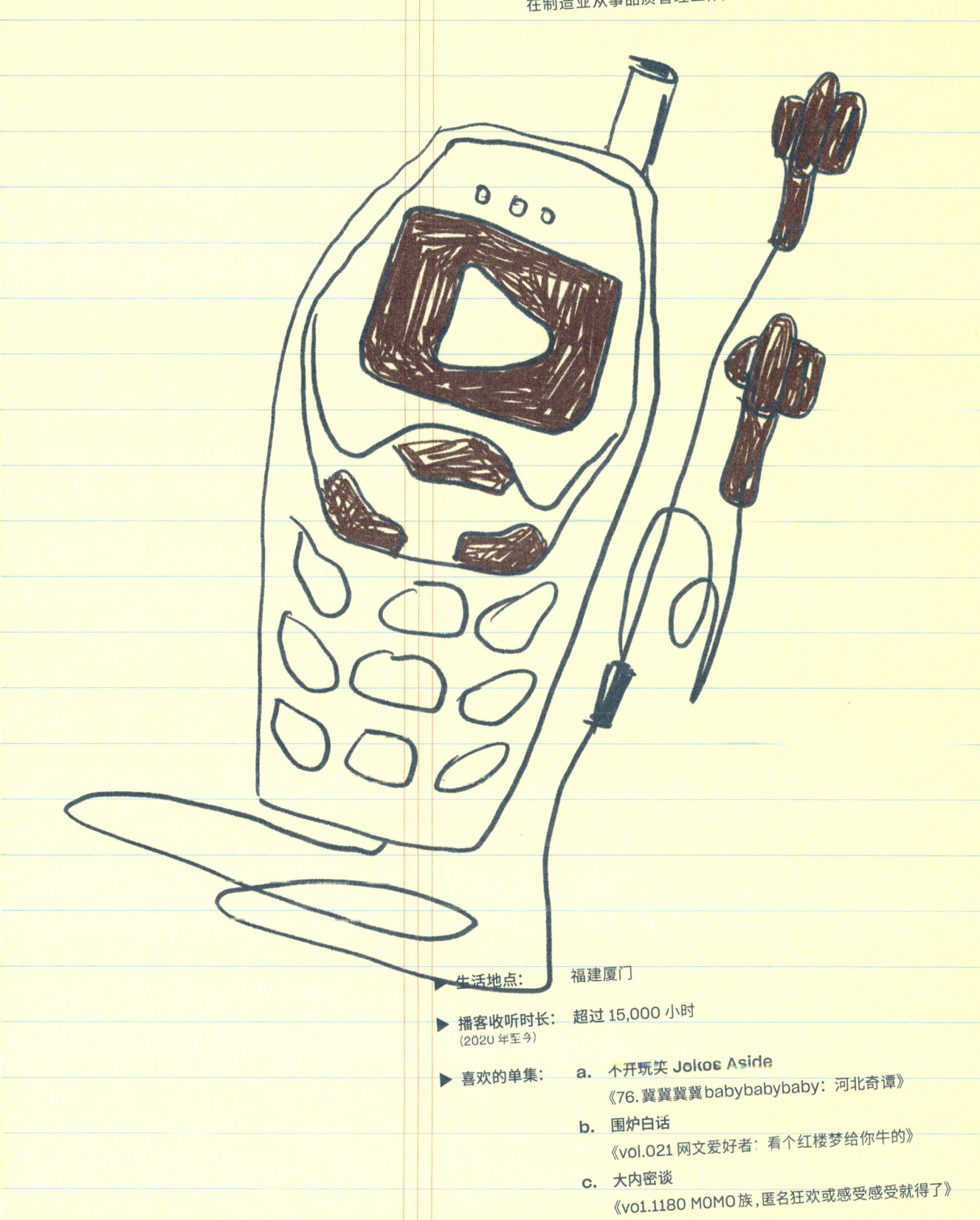

▶ 生活地点：　　福建厦门

▶ 播客收听时长：超过 15,000 小时
　（2020 年至今）

▶ 喜欢的单集：　a. 不开玩笑 Jokes Aside
　　　　　　　　《76. 冀冀冀冀babybabybaby：河北奇谭》

　　　　　　　b. 围炉白话
　　　　　　　　《vol.021 网文爱好者：看个红楼梦给你牛的》

　　　　　　　c. 大内密谈
　　　　　　　　《vol.1180 MOMO族，匿名狂欢或感受感受就得了》

▶ 曾经在播客评论区写过的留言：
　　* 评论是最小的单元的创作。
　　* 有些人用童年治愈一生，有些人用一生治愈童年。
　　* 幽默解决不了什么，但什么都战胜不了幽默。

113

如果从我在中学时听收音机节目那会儿算起，那远不止 15,000 小时的收听时长。我住在厦门，当时用妈妈充话费送的小手机，插上耳机听福建经济广播电台的《醉想听你唱》。那会儿刚流行社交媒体不久，主持人会把一个话题发在网上，然后把评论区的互动念给大家听，中间还有听众打电话唱歌的环节。我虽然人坐在房间里，但能放耳朵去流浪。大家通过广播互联的感觉很美好，每一期不同的人在节目里聊聊天，一期节目可以认识好几个平凡有趣的人，我甚至会去关注这些人的社交账号。但后来节目人员变动、改版，最终消失了，这对我来说就像失去了一个朋友。

正式接触播客应该是 2013 年我上大学之后。我开始用 iPad 听播客，上课也带着，听的是当时很热门的节目——《糖蒜广播》《大内密谈》《IT 公论》《机核电台 Gadio》……当时特别喜欢《糖蒜女子脱口秀》和《优斯迪吧》，主打的都是欢乐的聊天。睡不着的时候，会听这些节目来调节心情。现在我依旧偏爱这种轻松、闲聊、搞笑的播客节目，就像十几岁时喜欢的那些歌，已经让我们一生的歌曲品位都定型了。《优斯迪吧》有一期节目向听众安利了器乐摇滚，从此，这一类型的音乐就成了我的日常音乐，直到今天也还在继续喜欢着。

到目前为止，我已经订阅了 2,200 多档节目。选择订阅某一档新节目，对我来说不会是纠结的决定。根据不同主播的节奏，我也会选择不同的倍速收听内容。每收听完一档节目，我就会留存节目分享图，然后统一发布到小红书上。嗯，这或许可以理解为出于对节目的爱，每期节目都是不同朋友生活的一部分，也是我生命的一部分。

播客存在于我绝大部分的日常行动中，但并不干扰我原本的生活轨迹，它是一种平行的陪伴。在周末，我常常会选择某座商场，逛遍它的每家商店；如果天气好，我也会独自游完公园的每个角落；我还会去厦门市图书馆，逛一逛漫画绘本、图像小说的区域，看上一整天。边听播客边探索，在这个我居住了这么久的城市中，是否还有我不曾知道、未到达的地方。这些声音流进脑海，总会留下一些我也说不清的东西，会让我对自己走过的地方、经历的事情有更多的想法和思考，新与旧的观点就这样在身体中随时发生碰撞。

曾经听广播节目的时候，有个主持人说，人每天会做六到七个梦，只是我们醒来时就全都忘记了。我觉得挺有意思的，便取名为七个梦。

听友ID　@桃奈小安

曾经在化学实验室工作，2021 年开始旅居，2023 年一年在播客评论区写下 20 万字留言

▶ 生活地点：　　旅居路上

▶ 播客收听时长：超过 7,000 小时
　（2021年至今）

▶ 喜欢的单集：　a. 不把天聊 si
　　　　　　　　《Vol.36｜如何做到一天什么都没干，还不批评自己？》

　　　　　　　　b. 放学以后After school
　　　　　　　　《34 "喜欢的工作" 真的存在吗？职业选择和迷你退休》

　　　　　　　　c. 贤者时间
　　　　　　　　《他竟胆敢怜悯我的乌托邦》

▶ 曾经在播客评论区写过的留言：
* 我们都只是来体验生命的，不需要证明什么，更没有什么事是一定要实现。内向就内向，不喜欢社交就不社交，不要强迫自己，我们能做的就是不断去尝试、收获、感受，然后放下。生活本就沉闷，但跑起来就有风了。
* 之前看到的一句话：怎么把月亮摘下来了，却又嫌月亮不够高悬时明亮呢？
* 不管怎样首先要让自己快乐，其次，都是其次。

在决定旅居之前，我是典型的 i 人，和人面对面说话的时候会紧张，导致自己表达不清，但是播客的评论区允许我有更多的时间去思考、组织自己的语言。自然而然，这里便成为容纳我碎碎念的树洞。

播客让我知道自己不是唯一一个感到孤独的存在，无数人和我一样经历挣扎。尤其是听完《"喜欢的工作"真的存在吗？职业选择和迷你退休》这期内容，我更确定自己辞职旅居的选择没有错。实验室的工作的确很安稳，但循规蹈矩并不适合我，那种节奏让我越来越难受。我现在已经看到了大海——嗯，我看到了，我不能当作没看到。

在播客评论区和各种社交平台中，我也一直分享着自己的旅行，想给迷茫或者恐惧的朋友们一点鼓励和勇气：想做就去做，我们不会比今天更年轻了。人生的第一课是，要学会一个人做很多事情。内心丰盈者，独行也如众。因为我身处低谷、没有方向，所以往哪走都是向前。

我很喜欢王小波的一段话："我来这世界，不是为了繁衍后代。而是来看花怎么开，水怎么流，太阳怎么升起，夕阳何时落下。"旅行途中让我惊喜的是，这个世界比我想象的还美，这让我下定决心更热烈且勇敢地生活下去。今年，当我坐着绿皮火车前往拉萨看日照金山、半个月三次攀登南山、吸着氧气瓶为摇滚乐疯狂时，播客也在场。在这样的时刻，它已不仅仅是我的精神慰藉。

116

听友ID　@芒小菓

互联网营销从业者，2020 年结束了十多年的北漂生活，
播客评论区"抢沙发"王者

▶ 生活地点：　　山东泰安

▶ 播客收听时长：超过 2,700 小时
（2022 年至今）

▶ 喜欢的单集：　a. 宁浪别野
　　　　　　　　《Ep90｜迷茫 30 年才发现，人生根本没有上岸》

　　　　　　　b. 看理想圆桌
　　　　　　　　《349.〈我的阿勒泰〉主创谈：草原上也有回音》

　　　　　　　c. 随机波动StochasticVolatility
　　　　　　　　《女孩真好！｜随机波动 128》

▶ 曾经在播客评论区写过的留言：
* 沙了个发
* 沙了个发
* 沙了个发

我抢沙发最初的动机大概只是刷存在感，一开始是在订阅列表里刷到了更新的节目就会抢沙发，后来基本只会抢打算听的单集，并且会边听边评论，像是在跟主播和其他听友对话，希望被清楚地看见。抢到沙发的秘诀是我四五点会自然醒，早上那一拨更新的节目很容易刷到。当然我也有沙发被抢走的时候，如果看到沙发已经没了，或者评论石沉大海，可能就一听一个不吱声。

除了满足交流的需求，高频地评论的另一个原因是作为曾经的内容运营者与营销从业者，我始终坚信"爱出者爱返，福往者福来"，给优秀的创作者积极热烈的正反馈，人人有责！

由于我钟爱抢沙发和高频地评论，很多听友甚至主播都变成了我的赛博（网络）熟人，在不同播客的评论区遇见，大家会像老朋友一样打招呼。我用的播客平台交流氛围很好，哪怕遇到观点不同的人，很多时候大家也只是好奇观点背后的逻辑，会提供不同视角的感受，而不是单纯地争辩孰是孰非。我也因为在评论区高度活跃，经常被幸运之神眷顾，隔三岔五就会在评论区中奖，房间里堆了好多来自主播们的礼物。

除了在平台上互动，我也加入了很多有趣的听友群，在这里大家会表达自己听播客的感受，也会分享生活中的趣事或烦恼，有些喜好相同又很聊得来的听友也变成了三次元的好朋友。年初去上海时顺便跟听友见面，有的朋友会陪我逛遍大街小巷，吃吃喝喝；有的朋友会带我参加《泰勒·斯威夫特：时代巡回演唱会》的粉丝包场。大家一起挥舞着荧光棒，电影院变成了大型蹦迪现场，同频共振的感觉真棒！

2020年，我结束了十多年的北漂生活回到已经不再熟悉的家乡，最初是一个很封闭的状态，跟身边的人没有太多交流，是播客为我的生活打开了一个新的出口。我是听觉输入大于文字输入的人，听播客可以1.7倍速，但看书就很慢。不同类型的播客内容拓展了我的视野，一些观点的碰撞也激发出了更多深层的思考。因为有了播客，睡眠障碍导致的早起时间变得更加充实，单调的小城生活也可以让我跳脱物理空间的局限，延展出更多未知的精彩。如今播客俨然成为我的舒适圈，但我并不打算跳出这个舒适圈，而是去努力扩大它的边界，创造更多奇妙的联结，舒舒服服地待在里面。

播客评论区，是什么画风？

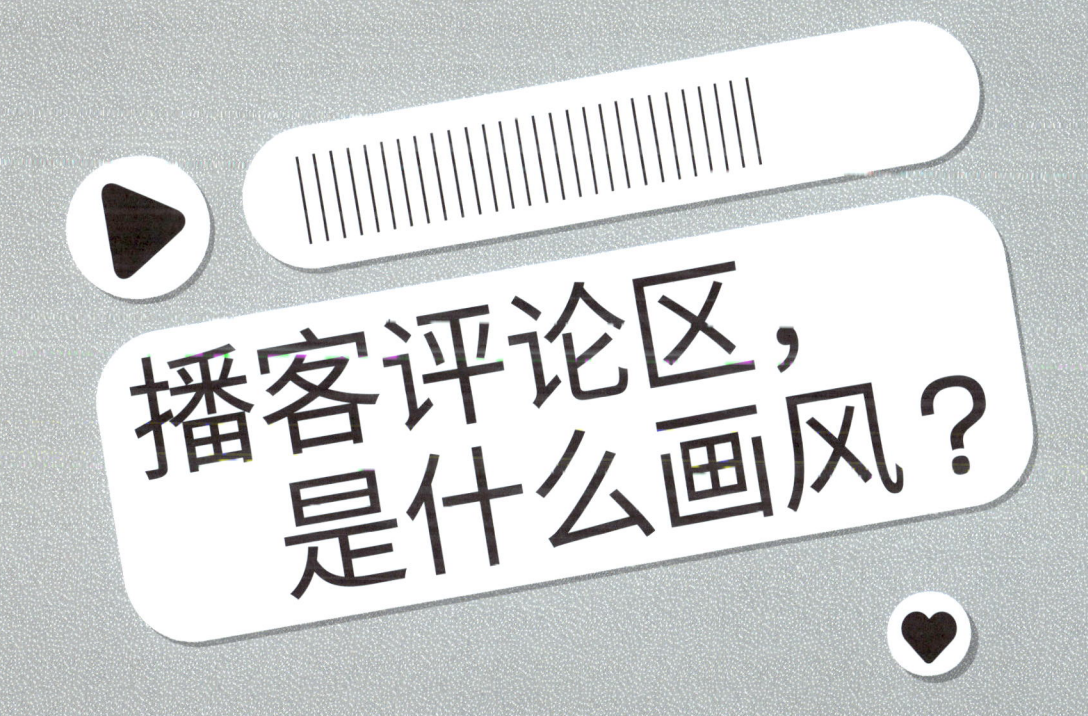

啊！是猫咪呀

**S1.E21 《花束般的恋爱》
我的爱情一定会存活下来！**

2021.09.09

@ 西西不明白　不知道是怎样的心理阻碍，让我无法直面对爱的需求，甚至将它污名化为弱者行为，也惊叹，原来承认需要爱，是可以像承认喜欢喝可乐那样轻松简单。

2022.02.19

轻刀快马

**《压缩现代性下的韩国》：
在东亚，为什么代际沟通如此困难？**

2024.03.26

@ 冈波斯日记　想到了史铁生写代沟：一代人与一代人的历史是不同的，这是代沟的永恒保障。沟不是坏东西，有山有水就有沟，地球上如果都是那么平展展的，虽然希望那都是良田，但事实那很可能全是沙漠。

2024.03.26

环形散步

**07 卧室：
房间是我更大的身体，
它有时做梦**

2022.02.27

@ 老猪咪回春　我住的小小单间出租屋，窗外是绿绿的大树，下午三四点会有阳光照射进来。我很喜欢这个屋子，直到半夜躺下，窗外偶有来去的车辆让我稍稍心烦。当听到这里，主播说，把来去的车辆想象成海浪冲上岸的声音，我被迷住了，甚至开始在夜晚期待，窗外卷来的海浪。

2024.03.28

没理想编辑部

**Vol.103
我的努力羞耻症，有救了！**

2023.11.19

@ 不要踩小草　听这一期真的很有感触，我之前一直有努力羞耻症的原因是我害怕被人发现我很努力但最后并没有得到好结果。一直以来都被"一定要收获好结果才算是你真正努力了，不然你就是没有努力，只是在做样子"的观点所束缚，因此凡是涉及需要努力的事情都藏着，不让别人知道。甚至我都已经考研拟录取了，别人问我是不是考研了我都否认，直到通知书收到了我才敢承认我是考研的。读研之后看清了世界是个巨大的"草台班子"，我的努力羞耻症也日渐好转。我们总是认为不努力的人从根本上来讲就比努力的人更加聪明，更懂得这个世界的生存法则，但我们也都知道世界上根本不存在不劳而获。我努力只是想让我自己成为更好的人，而不是为了让别人盖章我真是一个很努力的人。不是努力就一定会有收获，但收获一定需要努力。不必害怕努力得不到回报，要永远为自己的努力而感到骄傲。^_^

2024.03.26

心动女孩

眼泪突然掉下来，才是旅行的意义

2024.02.30

@MSP　骑行有时候真的会很惊艳，去年夏天八月去上海，因为白天太热了所以只有天黑才会出门，当时住在苏州河边，有天晚上下小雨很凉快，所以就和妈妈一起沿着河边骑了一个多小时。路上骑车的只有我俩，剩下的就是偶尔路过的跑步的人（下雨还跑真的好勤奋）。河边灯光氛围超好，河水因为下雨还有雾面特效，很静谧，很不符合我对上海的刻板印象。喜欢和妈妈一起骑车，想她。

2024.03.02

好好吃饭~

20 别再用情绪喂胖你的身体！试试用正念饮食稳定食欲 feat. 听见她门

2023.3.14

> @ 小莓好雪酪　情绪流动，这个概念学到了。总是期望自己情绪稳定，什么都不放在心里，但这本身就是对情绪的压抑。
>
> 2024.3.16

在场证明

025 城市公园：年青人的精神疗愈新药方？

2023.10.29

> @ 王哈罗　上班之后越来越喜欢逛公园，离开了工作中沉闷的环境，从网络虚拟的沉浸中短暂抽身，走到一阵风声中去，走到陌生人鲜活的谈论里，走到熙攘却不吵闹的自然中，感受到人类社群最真实的连接。
>
> 这一刻好像我们都超脱于那些固有的偏见，超脱于立场的争执与对立，超脱于所有世俗中构建的一切。
>
> 我们好像短暂地抛开了所有的"下沉"、"退后"和"坠落"，对"时代"、"人类"与"命运"的感受视若无物，此刻我们只是湖边被风轻盈拂过的无数波纹。
>
> 2023.10.30

燕外之意

燕外之意｜今日方知我是我

2023.12.31

> @ 一半是火焰　我为自己做的事就是在四十岁开始写诗，得到的稿费就用来给自己买裙子。
>
> 2024.01.06

贝望录

61. 把茶叶卖给年轻人有多难？

2021.08.18

> @ 乐克　很高兴传统茶庄茶店这种靠信息不对称和价格歧视无节制增加毛利的形式逐渐在被打破，其实年轻人不怎么爱喝茶，做茶的人真该好好反思。举个例子：我们去茶园考察的时候总会有一些茶厂茶农告诉我说自己家的茶从来不打药，不像 xxx，乍一看是自己的卖点，实际上这样的营销形成一定规模之后已经彻底击碎了消费者对整个行业微薄的信任感。同时，也很同意嘉宾的观点。作为一个在茶业做产品的人，也时刻提醒自己：相比把文化、故事组织成多么庞大的叙述，我更愿意把时间花在做出让人喜欢的口味上。毕竟，饮食，适口为珍！
>
> 2021.08.18

破罐不摔

04 听播客真的能提升认知吗？浅聊做播客与听播客的意义

2024.02.15

> @im_domino　我是去年下半年产生了做播客的念头。播客对我最大的意义首先是满足大学这四五年被压抑的扭捏的表达欲，收束碎片化的思考以一期期主题系统输出；如果拉长人生进度条，那便是积累我的数字声音遗产！其次是连接同好，连接不一样的人。
>
> 一开始录制的时候什么也不懂，尤其是意识到和写作不同，结构化地长篇大论滔滔不绝是很困难的事！当然经过两三期有了一些进步，既可以做到双人对话碰撞，也可以在单口的自言自语里收获一些自我的察觉。
>
> 2024.02.16

落日间

E43 设计身体：游戏与身体现象学
2023.09.17

> @ChuckKayLam 突然想到最近去体检，发现做彩超这种机器居然都连接着一个游戏手柄，我没有细问医生这个手柄是用来干什么的，我猜是用来做某种设备调试的……我在想是不是游戏手柄是目前人类能想出来的最适合在模拟的 3D 世界中做精细复杂操作的工具。
>
> 2023.09.28

必要生活 Being Alive

回到秘密小角落，吸氧充电真快乐 | 必要生活 Vol.02
2024.02.28

> @ 王玉直 床与墙的缝隙铺了一个榻榻米，放了一个榻榻米沙发，没事就待在里面，什么也不干，就是舒服放松。
>
> 2024.02.28

双重意识 DoubleConsciousness

19. 粉丝的反叛与顺从——饭圈冲突的权力真相
2021.04.08

> @ 莫莫酱 追星像是，寻求一个出口但是一不小心就会走进迷宫。
>
> 2021.04.08

商业就是这样

Vol.153 菜单经济学
2024.04.04

> @ 糖炒小丸子 作者提炼的观点我很认可：人类真正的决策执行，不像算法一样完全依赖模型和流程。人类更倾向于依赖直觉和经验做出下意识的快速决定，来迅速试错，以适应自然的快速变化和迭代。所以再理性的模型和自动化系统，都是人在执行的，那么就一定存在人的不稳定性因素。这个执行过程表面看是很多系统和模型的失灵，实际展现的才是人类解决问题的真正能力。另外有一点也非常打动我：真正解决问题的能力和看透问题本质的解释力是两个概念，洞悉一切并且构建模型不代表你就能用好模型解决好问题，背后最重要的依然是人的经验以及人的潜能。
>
> 2024.04.04

大兔公园

055- 中式旧核：透过回忆的钥匙孔，窥视我们的赛博避难所
2023.03.14

> @ 爱吃播客的芒果酱 我私心是以智能手机出现划分新旧的。至于旧的上限，根据个人体感，是街上卖粉末冲泡的奶茶的时候（香芋奶茶、哈密瓜奶茶等），同一时期还有要沿虚线撕开的肯德基优惠券（全是吃的，暴露了，这些是我常干的事）。
>
> 2021.08.18

精品化的播客，商业化的未来

采访&撰文 / 拾贰　　编辑 / 周依　　企划 / 杨慧

在短视频、短剧、短篇故事等一切向"短"的时代，播客如逆行者，以 1~2 小时的长音频迎来进一步增长。全球播客数据库平台 Listen Notes 数据显示，在各类媒介增长普遍放缓的 2023 年，播客用户的增长率仍旧超过 15%，且活跃的播客节目的数量创下了历史新高。

在国内，自 2004 年《糖蒜广播》等最早一批播客节目出现以来，在 20 年的发展中，播客这一声音媒介受到视频媒介冲击，曾长期缩守在主流视线之外。直至近几年，中文播客才迎来真正的爆发。据市场研究机构 eMarketer 统计，2022 年中文播客的听众数量超过 1 亿。次年，《2023 喜马拉雅中文播客生态报告》显示，中文播客听众数超过 2.2 亿。随着听众数量增加、圈层扩大，创作端也有越来越多自带流量与话题的名人入局，由专业人士操刀制作的内容持续增加，中文播客在走向精品化的同时，行业生态也发生了变化。

针对这些现象，我们与相征、老袁两位资深业内人一同探讨了中文播客行业精品化带来的影响，以及播客的商业化前景。

特别顾问：
相征　《大内密谈》主理人，深夜谈谈播客网络创始人
老袁　《播客公社》创始人，CPA中文播客社区发起人

专业团队入场，播客精品化的 A、B 面

这几年，名人在播客领域的存在感越来越强，播客厂牌和专业 MCN（多频道）机构的入场让播客进一步精品化，由此带来的影响呈现出双面性。

A 面：
小赛道卷出精品

2022 年以来，头部播客节目请到的嘉宾越来越多元，且不乏各界知名人士。《忽左忽右》有一期讲阿根廷经济的节目，嘉宾是能源化工专家周小康；怀念国学大师钱穆时，请来了钱穆的孙女、北京语言大学教授钱婉约和作家杨照。此外，戴锦华、刘擎等知名学者也频繁出现在各类播客节目里，海清、蒋奇明等影视艺人也开始接受播客访谈。

除了作为受邀嘉宾，也有不少名人开设了个人播客。2022 年，演员佟晨洁、范湉湉分别启动了自己的单口播客，杨天真和李诞则在 2023 年入驻小宇宙 App。与普通人的冷启动不同，名人进入播客领域自带流量。梁文道付费播客《八分半》仅上线 6 期，便有 1.6 万人在小宇宙上购买订阅。在各类第三方数据排行网站，《天真不天真》《李诞》等播客常常上榜。平台也在利用流量不断拓圈，2023 年 7 月，苹果播客首次在中国大陆地区推出编辑栏目《伴你收听》，邀请知名作家、艺人、制片人、新闻工作者、网络红人分享他们正在收听的节目，帮助用户发现新内容。除此之外，一些有内容生产经验的媒体人和机构陆续布局播客，具备运营能力的播客创作团队也纷纷成立播客 MCN 公司，开始以机构的形态承接和拓展业务。

他们的入场，从一定程度上印证了播客的成长。相征提到，2017 年深夜谈谈播客网络（以下简称"深夜谈谈"）刚开始正式把播客作为一个项目运营的时候，大家都还不太了解这个新事物。而现在，越来越多名人和专业团队入场，意味着播客被大家理解和接受了。

但相较于动辄亿级播放量的短视频，播客仍是一条小众赛道，名人和专业团队入场让这一赛道竞争更加激烈，但同时也促生了更多高质量内容。

首先，名人在播客节目里更容易展示自己比较鲜活的一面，表达比较真实的观点。在一些个人节目中，他们不再把自己当成文娱产业内的从业人员，而是单纯从个体出发记录生活、表达自己。相征也提到，名人或明星上播客节目时，语言表达需要经历一个思考和整理的过程，甚至可能出现前言不搭后语的情况，这就和一些传统的、提前准备好提纲和答案的采访不一样。

同时，一些播客MCN机构孵化出更多优质播客，让播客行业竞争越发激烈。泛商业播客厂牌声动活泼的明星节目《声动早咖啡》2021年上线，2023年迎来数据爆发，正是因为打通了专业化运作这条路——资深制作人加上精细化的团队协作模式，让节目在保证品质的同时实现了日更。该机构旗下的《跳进兔子洞》《商业WHY酱》也依托于这套模式，《跳进兔子洞》主播佳勋曾供职于美国公共媒体（APM）、财新传媒，拥有专业的特稿写作和播客制作能力，而《商业WHY酱》的主播杨轩在商业科技领域拥有十多年报道经验，曾担任《第一财经周刊》主笔，现为36氪主编。由《日谈公园》发起的"日光派对"播客联盟计划，签约播客数也在2023年达到了60尔家，其中包括《半身铁》《除你武器》《东腔西调》等多档头部节目。同样，深夜谈谈发起的MCN组织"有关声部"也签约了大量播客，通过平台化运作进行流量和商业扶持。

还有一些品牌开始联合机构平台做品牌播客，例如JustPod分别与耐克、华泰证券合作推出的《耐听》和《泰度Voice》，以及为路易威登制作的《路易威登[EXTENDED]》，深夜谈谈和阿那亚出品的《空岛》、和瑞安集团出品的《淮海333》，看理想和辉瑞中国出品的《公司茶水间》，等等。这些品牌通过播客深度连接和自身品牌理念一致的群体，而机构则用自己成熟的节目制作模式和业内积累的资源为品牌赋能，从内容品质到收听效果上都很容易超越普通创作者。

Diversity (A/B) / Social Media Traffic

126

B面：
冲击生态多样性

> 然而也有人认为，名人与专业团队下场做播客是在争夺独立播客的生存空间，是对生态多样性的一种冲击。

一些名人入场后，其自身团队采取惯用的流量手段和营销策略，让不少播客"原住民"产生了抵触——这些原生创作者和用户之所以选择播客，就是为了逃离流量和算法。相较于名人，独立播客的冷启动难度显然要大很多，不少人认为名人入场改变了播客出品逻辑，当所谓的竞争开始有"不公平"的苗头显现，就会有人放弃"为爱发电"。一位做了三年播客，粉丝刚刚过万的小主播在自己的听友群说："期待在播客世界里找到自留地，找到更同频、离自己更近的普通人，而不是一上来就自带光环的名人。"

面对这些问题，经历过中文播客多轮发展阶段的老袁格外清醒。他认为，一些机构出品的播客，会以迎合大众口味为创作前提，但在播客这一概念最初被提出来的时候，逻辑是相反的。播客逻辑要求创作者做自己真正感兴趣的内容，让听众找到适合自己的主播，这对普通创作者来说是灵感源泉和创作动力。

> "图文或短视频可以找十个写手套用同一个模板，批量化生产爆款，但在播客领域这个创作模式是行不通的。"

同时，专业机构在做播客这件事上有很高的决策成本。对于个人创作者来说，在前期策划、后期制作等方面的投入，成本只有时间和精力的分配；但机构要把投入算在整个项目的成本当中，时间消耗变成了人力成本。对于很多名人来说，播客仅仅是众多渠道中的一个选择，主播也只是众多身份中的一个，因此名人播客的更新频率一直面临挑战，一些早期的播客甚至出现了停更现象。新世相和复旦大学文学系教授梁永安出品的《梁永安的播客》在2023年12月停更，三联中读和人类学家项飙出品的播客《项飙：你好陌生人》也停更于2023年4月，而看理想和梁文道出品的《梁文道·八分》最集中的更新是在2021—2022年，直到2024年才又上线了《八分半》付费节目。

专业团队的涌入，让播客在内容分类越来越细的同时，还出现了同质化现象。2023年上线的新播客中，迅速跻身热门播客行列的很多节目都是从商业、投资角度切入的，比如《面基》《搞钱女孩》《给女孩的商业第一课》《中国好生意》等。一些商业播客的变现方式更是在行业内存在争议，很多主播认为播客创作者应该更纯粹，甚至有人直接建议"想赚大钱的不要进入播客行业"。

相征也非常怀念自己的播客冷启动的时候。在做播客的前两年，他觉得自己不太会说话，面对麦克风永远都很紧张，"会说一些很水的话，只是因为不想冷场"。但对他来说，这些记忆才是做播客最珍贵的事情。他建议每个想入局做播客的人问自己一个问题，假设自己做的播客一直赚不到钱，仅凭听友的反馈能不能支撑自己坚持下去。同时他也鼓励新人："在声音这个媒介上不同的新鲜玩法是非常多的，对谈类播客也不是唯一选择。"

如果能大胆尝试并坚持自己，即使有再多的名人、专业团队入场，总有创作者能找到自己的生存空间。

播客商业化，道阻且长

业内人士有个大致的共识——2022年是中文播客的商业化元年。如今，播客的商业价值受到越来越多关注和讨论。喜马拉雅、网易云、QQ音乐等音频平台都把播客作为重点发力的项目，针对创作者推出了各种扶持政策。各大品牌营销也把播客当作新阵地。

但即便如此，播客的商业化仍处于初级阶段，还有一系列问题等待回答。

慢生意，高门槛

在现有的内容平台中，很多播客从业者认为，播客是少有的还能允许"个体"充分表达自我的渠道。时间会筛选掉盲从者，直到他们找到真正的用户，和自己的听众建立足够的信任。

> 比起视觉，通过"声音"建立联系的过程会慢一些，但是非常稳固，也让人感觉更加亲密。

老袁认为，圈内所说的这种联系，是用户在鲜活地感受与"人"的沟通。2024年是老袁深耕播客的第6年，他一直以行业观察者的身份见证播客行业的起起落落。从2019年发起《播客公社》到现在的CPA中文播客社区，他花了近5年时间建立播客的线上和线下社群，在北京、上海、景德镇、深圳、广州等地开设了近10个面向普通创作者开放的录音棚，接待了超过300档播客节目的录制。相较于网络上的统计数字，老袁更愿意相信自己在线下看到的人数，更愿意相信去除各种外界因素后，自己真正吸引到、影响到的人群。

同样，《大内密谈》从2013年上线，到2017年正式项目化运营，中间摸索了4年。节目早期并没有很明确的方向和商业计划，一直处于自由随心的状态，甚至第一笔投资都来自听众——《迟早更新》的主播、风险投资基金Ones Ventures的创始人任宁——长时间收听《大内密谈》后，他成了节目的天使投资人。

相征认为，做播客是一件慢热的事情，同时也是一件有门槛的事情。主播不仅要对专业内的话题非常了解，个人表达能力也要非常强，讲述节奏和方式都有讲究，并且要有鲜明的个人魅力。这样的高门槛也传递到了用户端。相征提到，《大内密谈》的主题和聊天方式本身就是"过滤器"，最终留存下的用户画像非常清晰——大多住在一线城市，年龄在23~32岁，"他们有比较丰富的阅历或海外背景，一些人甚至还是自己小圈子里的KOL（关键意见领袖），比较会玩、会享受生活"。

得益于这样的用户特质，深夜谈谈成为国内最早一批开始做线下社群活动、开启大规模商业化尝试的播客机构之一。2016年，深夜谈谈启动电商业务"大内夜市"，通过探索播客内容电商模式制作了一系列周边产品；2017年，推出由主播带队的海外旅行团，带领听众参加日本富士摇滚音乐节（Fuji Rock Festival）；2019年，推出"午夜造音Midnightakes"音乐厂牌，与Beats耳机联合推出了系列视频节目《一首歌的诞生》，此后又陆续出品了多个付费节目，并将音频内容《小寒的四季歌》搬上屏幕，成为2020年上线的视频慢综艺《新四季歌》；2023年起，举办了两届"声量The Power of Voice"播客线下派对，邀请播客创作者、艺术家、音乐人、演员、导演或是想要发声的普通人面对面开放对谈，并延展出支线活动品牌"声量OUT"，开展市集、工作坊、户外运动、露天电影放映等活动。

Barriers to Entry

Slow Growth

129

Commercial Monetization

130

变现模式凸显，价值有待重估

综合多家行业调研报告，目前播客的变现主要分为三大模式——广告模式、内容付费、产业变现。

广告模式

即通过品牌主进行商业变现，主要面向B端（企业用户商家），目前在中文播客领域主要有6种途径。

途径1 单期内容定制

由品牌指定命题，与播客制作团队深度共创内容，节目听众和品牌的目标人群匹配度非常高，比如梅赛德斯-奔驰客户服务与看理想共同发起的"步履不停"播客计划。

途径2 品牌冠名

品牌在播客节目中以冠名商、赞助商形式出现，比如欧莱雅、永璞咖啡、影石Insta360都曾投放过《半拿铁》播客。

途径3 平台通投

品牌方直接对接平台，由平台匹配具体投放的播客，目前以小宇宙和喜马拉雅为主的平台都有类似的投放逻辑。

途径4 矩阵广告

MCN主导的矩阵广告投放主要采取批量采购方式，配合品牌的重要营销节点做内容，可以根据不同主题和场景匹配不同的播客。一些品牌的新品发布会采取这种模式，比如杰士邦曾与JustPod携手，分别在5档播客节目中推出关注视障人士亲密体验与健康安全的内容。

途径5 电商带货

主要在播客节目的Show Notes区展示产品，通过链接跳转到其他平台进行交易。

途径6 线下活动赞助

品牌赞助播客线下活动，比如深夜谈谈打造的"声量OUT"、JustPod举办的"PodFest China"均有多个合作品牌参与其中。

内容付费

主要面向C端（个人用户），包括打赏、单期付费、专辑付费、买会员、私域卖货、线下社区卖票等方式。这种模式主要依靠播客本身的变现能力，比如2023年《谐星聊天会》第四季收官，小宇宙平台显示购买量超过 3.6 万份，预估营收超 300 万元，单期正片平均播放量超过 10 万。同时这种模式也推动了播客的二次传播，很多主播开始把播客当作一种渠道，在录制视频的同时录制播客，或者是录制播客的同时录制视频，像少数派的《一派·Podcast》、潘乱的《乱翻书》等科技媒体常以微信连麦的方式录制播客，让视频节目和播客节目在私域传播变现。

产业变现

变现主体以播客MCN为主，目前主要是帮助品牌孵化原创播客IP，甚至存在用B端业务来养活C端内容的现象。JustPod 创始人程衍樑就曾提到，"很多海外公司听到我做的播客之后，会来问我能不能帮他们做企业播客，让我做他们的制作人"，意识到这个需求后，他成立了JustPod，通过为企业做播客的商业化收入，反哺原创播客的孵化和运营。

虽然已探索出相对成熟的变现模式，播客的商业化之路仍然漫长。

一方面，受到声音内容形态本身的制约，播客始终有着较高的创作门槛和消费门槛，市场规模依旧有限。另一方面，品牌对播客投放效果的认可度还不高。很多品牌选择投放播客的原因可能只是播客相对便宜，还有一些主播在节目中直言，一些品牌投放某档播客，可能仅仅是因为品牌相关负责人正好是该节目听众。相征也提到，如果只是为了带货，播客的即时转化效果肯定不如直播，因为连产品都看不到，还得从 Show Notes 里面跳转，中间转化损失非常大。目前比较愿意投放播客的品牌，更多的是希望接触一些有价值的群体，从品牌形象层面推广。但他认为播客是一个被广告主严重低估的渠道，比起图文和短视频，用户在一期播客节目中的停留时间是远超前两者的。如今，《大内密谈》新节目更新一周就能获得全网 400 万播放量，完播率 75% 以上，粉丝平均停留时间超过一小时。

另外，播客的营收体量也很难被统一计算。即使在相对成熟的美国市场，所统计的也大多只是基于播客内容最直接的商业价值，且存在误差，比如一些付费节目的收入只能根据单集价格和播放量来估算，但播客的播放量不等于它的购买量（单次购买可以多次播放）。而在统计播客商业化规模的时候，一些间接商业价值也很难被统计进来，比如节目私域的变现。

虽然整体仍处于变现早期，但随着各大音频平台对播客业务的重视和扶持，这个赛道正在成为内容创业者的新蓝海。对于播客未来的产业化，老袁还有一些构想：播客创作端的收音和收听，在硬件和软件上或许会出现有针对性的优化方案，比如为播客定制的耳机、操作更便捷的音频剪辑软件等。他还期待，播客可以作为线下活动的一种形态出现，让做播客成为人们日常生活娱乐的一部分，"希望有一天它变成大家习以为常的东西，我进入任何一个咖啡厅都会看到有一个玻璃棚子，里面有人在录音"。在这样的未来，播客的商业价值将被重新定义。

▶ #4 开启一档自己的播客

新手入门，开启一档自己的播客吧！

Step 1 2 3 4 5 6

在人们被碎片信息夺去关注力的时代，播客作为传递长内容的媒介显得尤为珍贵，它让人们有机会针对某个观点、某项议题进行线性思考和深入交流。因此越来越多有创作冲动的人，想要通过声音这一媒介形式表达和发声。那么，作为新手，应该如何从零开启一档属于自己的播客呢？

撰文 / 徐晨阳　　编辑 / 杨慧

Step 1

定位篇：
明确定位和目标听众

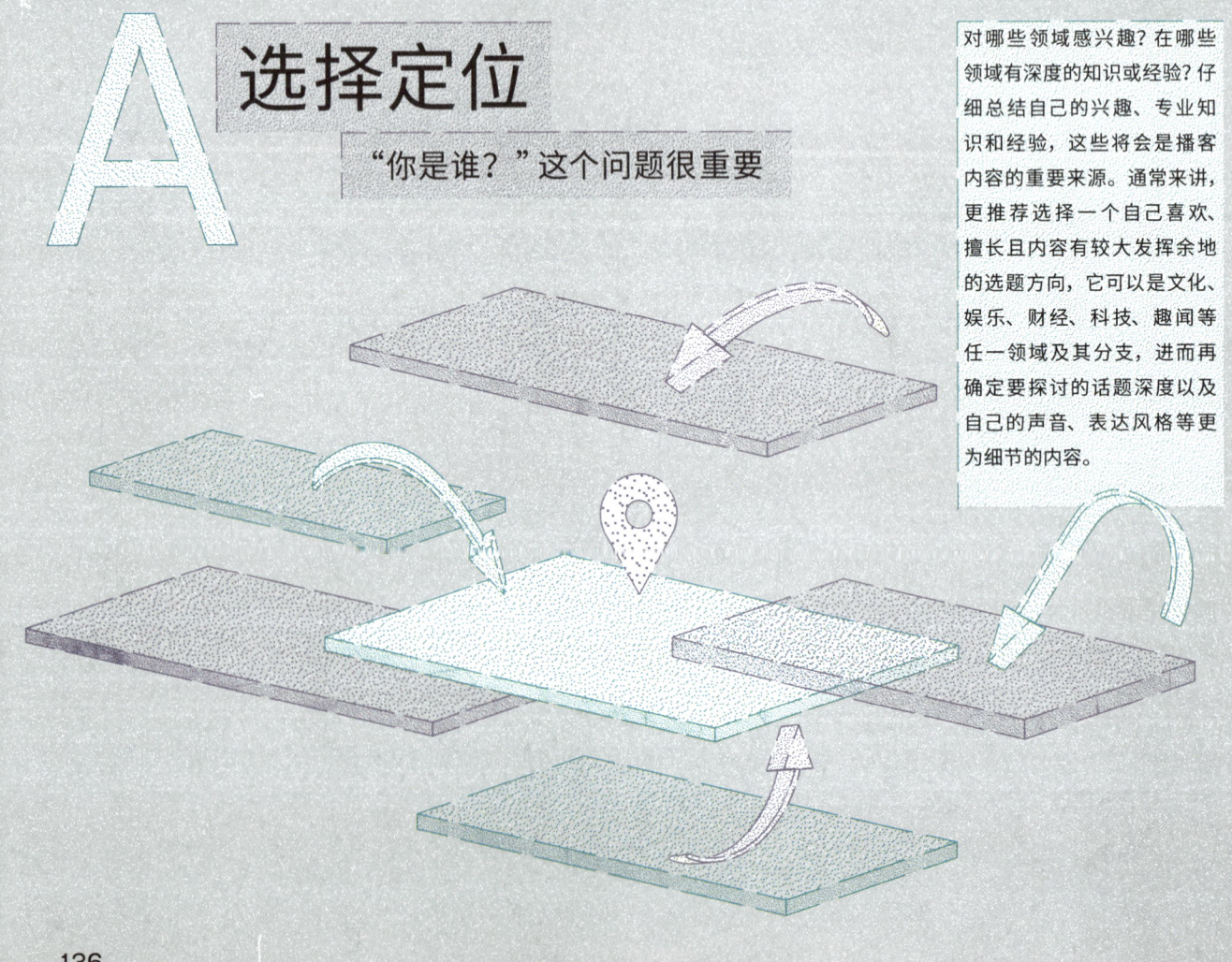

A 选择定位
"你是谁？"这个问题很重要

对哪些领域感兴趣？在哪些领域有深度的知识或经验？仔细总结自己的兴趣、专业知识和经验，这些将会是播客内容的重要来源。通常来讲，更推荐选择一个自己喜欢、擅长且内容有较大发挥余地的选题方向，它可以是文化、娱乐、财经、科技、趣闻等任一领域及其分支，进而再确定要探讨的话题深度以及自己的声音、表达风格等更为细节的内容。

明确目标听众是谁，他们是什么样的人？他们有什么样的兴趣和需求？这将会更好地确定后续内容制作的方向和营销策略。

目标听众 B

"谁会听？"要考虑在前

找到自己的独特亮点，它可能是视角更独特、知识更专业，或者个人风格和故事更有趣，这是确保播客有差异化吸引力的关键。

找准亮点 C

你的差异化吸引力是什么？

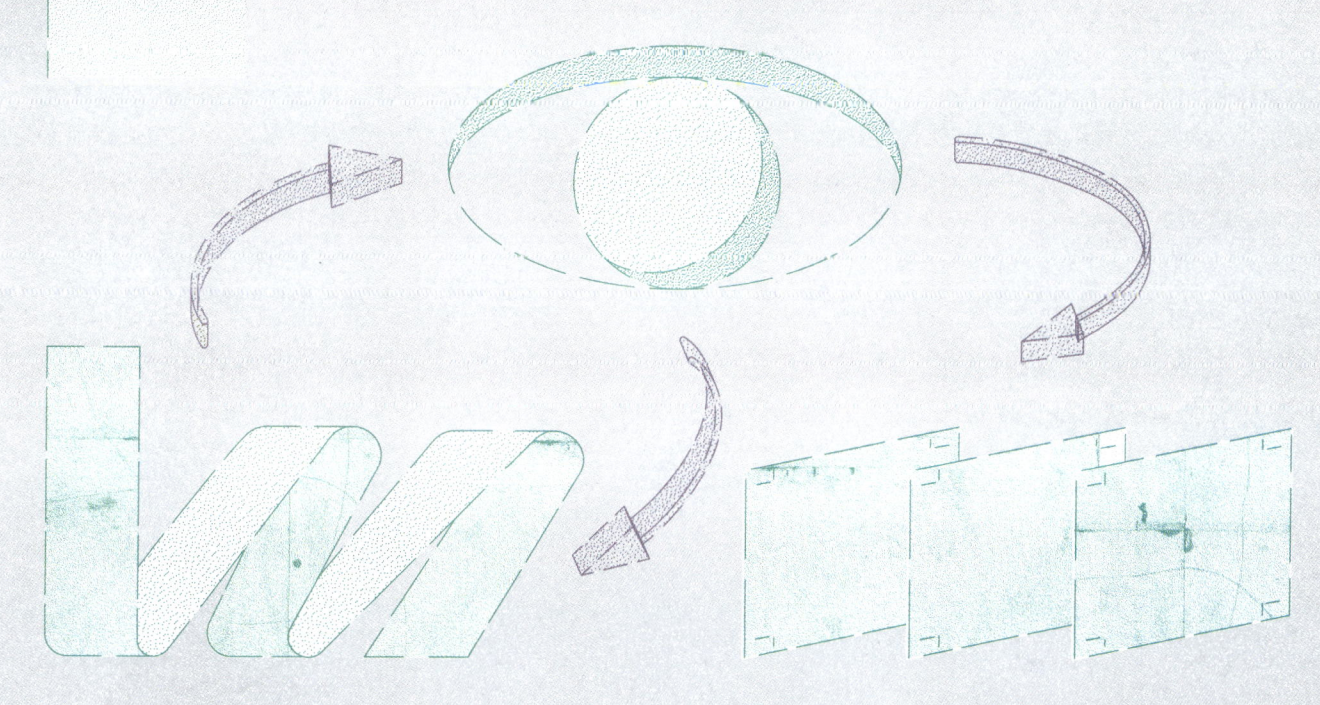

D 对标评估 类似内容谁在做？

对于细分领域的同类型播客，可以先评估它们的内容、形式和总体效果，适度竞争是有益的，但如果同一类型有较多的成功案例且过度饱和，可能难以脱颖而出。

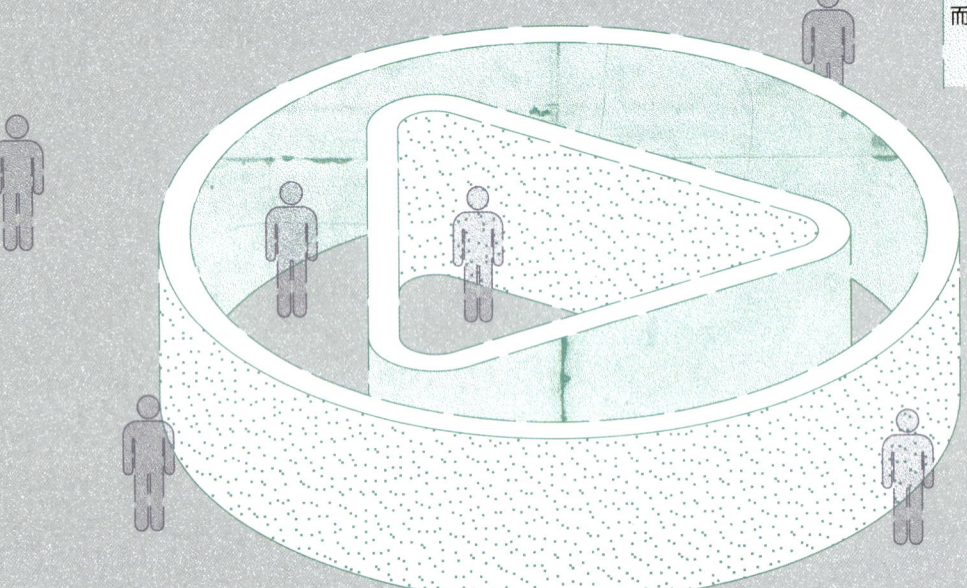

E 打造品牌 如何被记住？

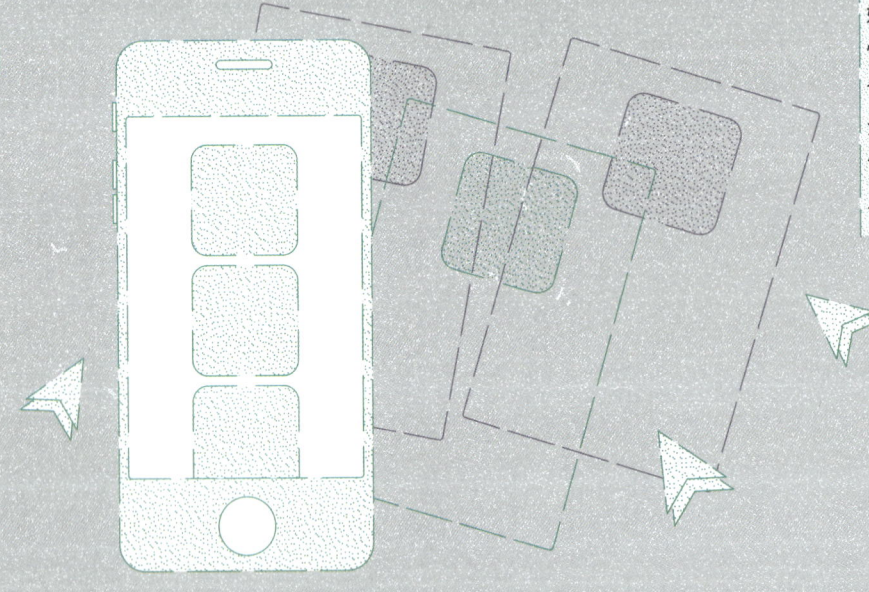

把播客当作自己的品牌，它必须拥有自己的生命，而名字和头像就是品牌的第一张名片。好的名字应该容易记忆、发音和拼写，这会让听众更容易找到并且分享出去。而头像则应该与名字匹配，在视觉上有吸引力。

▲ 避坑提示
对于没有经验的新手来说，要尽量避免选择过于广泛或者模糊的主题，宽泛定位所带来的内容不精准、不垂直可能会导致创作风格较为散乱。

Step 2

内容篇：规划内容创作逻辑

A 内容类型

确定播客是单口叙事、访谈式，还是圆桌讨论，通常来讲，类型可以不局限于一种，但以不超过两种形式为宜。

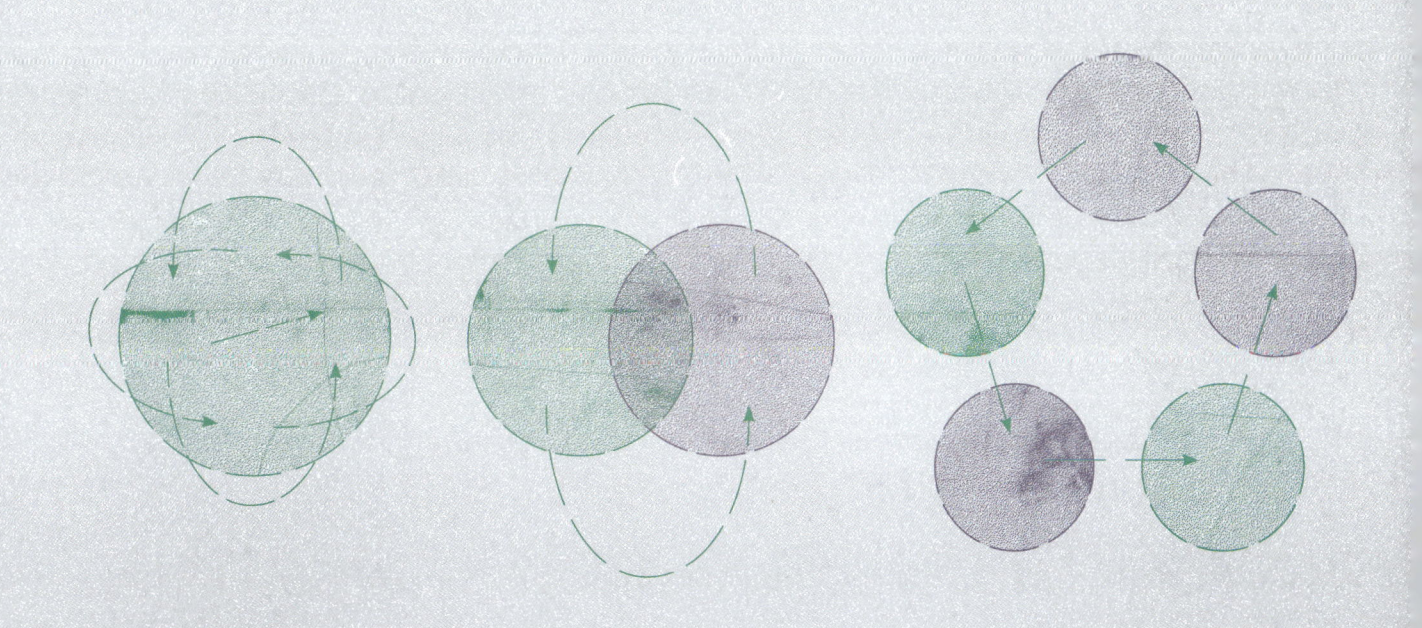

B

节目结构

确定每期节目的长度和频率，是每周、每月还是不定期发布；规划每一集的大致内容结构，如开场、主体、结束语，是否有固定环节，等等；框定节目时长的大致范围，时长的一致性有助于保持听众黏性，固定的节目频率和结构会让听众更有规律的陪伴感。

Sep. Vol.09
Oct. Vol.10
Nov. Vol.11
Dec. Vol.12

Jul. Vol.07
Aug. Vol.08

Vol.02
Mar.
Vol.03
Apr.
Vol.04
Year Month Day

Show Notes

02:22 开场 //////

07:22 主体 /////

08:36 ////////

10:08 /////

17:36 固定环节 ///

19:26 //////////

26:49 ////

40:31 ////////

45:05 /////////

48:52 结束语 /////

vol,05
////////
"----"

vol,06
/////////

C 选题策划

针对播客的定位方向，延展更为细节的内容进行单集选题策划，可以通过问询听友们的需求、关注热门热点话题、关注行业趋势等方式来确定选题，为了保持更新的连续性，建议一次性多储备一些选题。

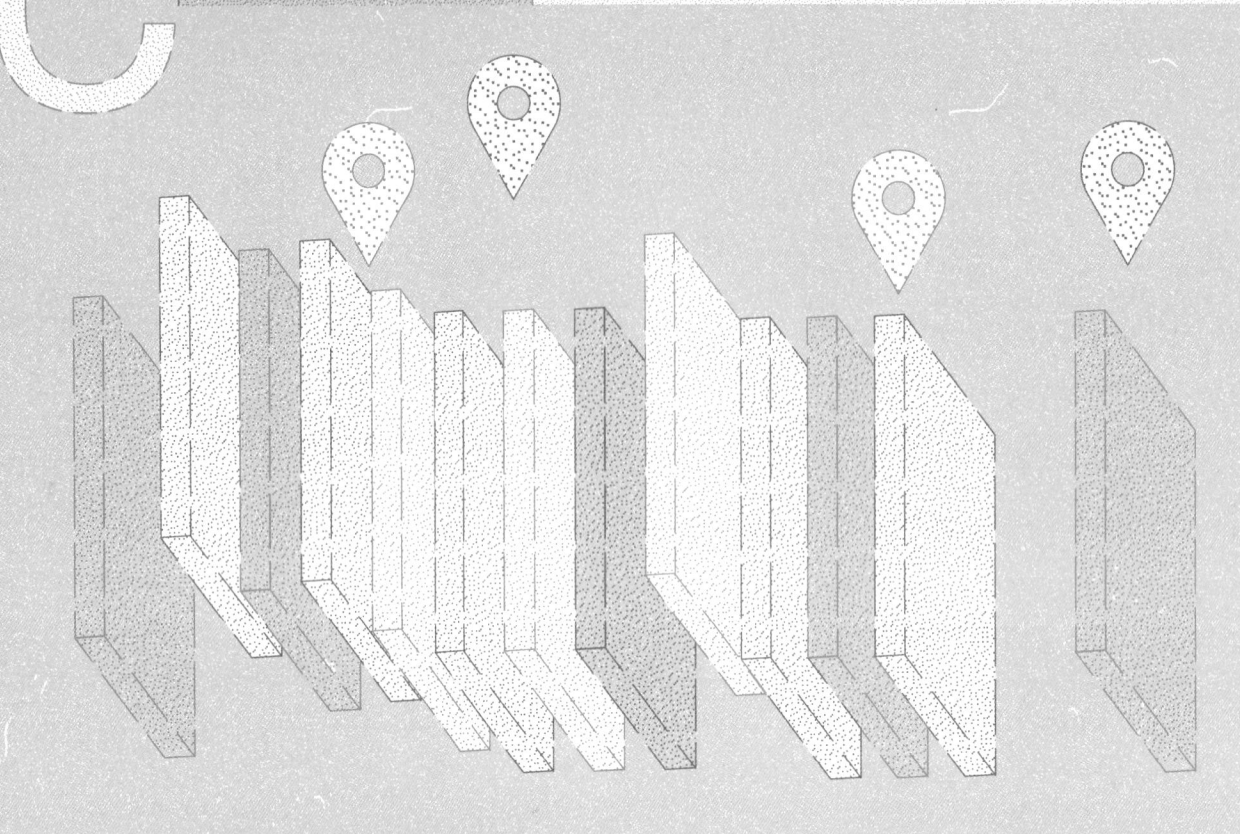

D 脚本提纲

根据个人风格和习惯准备合适的脚本提纲，在大纲中列出要讨论的重点、关键信息和可以产生的互动点，不一定需要详细到每句话，但要确保提纲能够清晰地指导节目录制和剪辑过程。而对于临场表达能力没有那么好的创作者来说，写逐字稿的方式可以帮助其更好地发挥，但要注意语句一定不要太过生硬，可以用对话的方式来写。

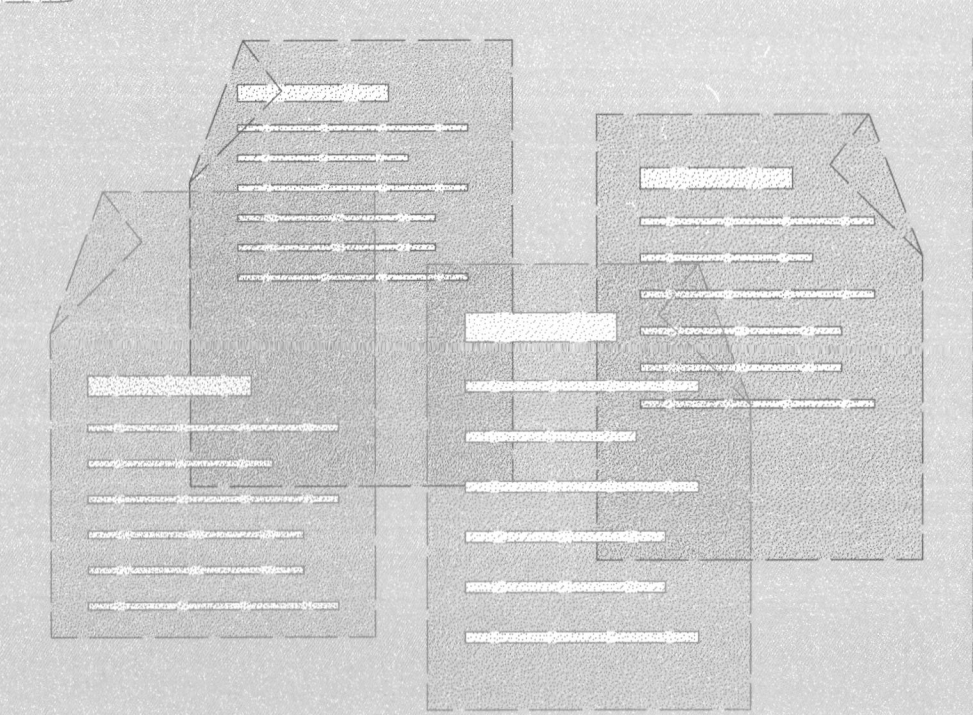

▲ 避坑提示

· 不要一开始就设定过高的发布频率，这可能会导致内容质量不稳定或者更新不及时的情况发生。开始时可以选择每两周或者每月发布一次，等找到适当的节奏和制作流程，再开始逐渐增加频率。

· 如果是没有语言表达工作经验的创作者，尽量避免即兴地录制整个节目，这可能会导致内容听起来杂乱无章，即使是自由对话的风格，也应该有一个基本的流程和结构。

Step3

工具篇：
无须做"装备党"，仅选必要品

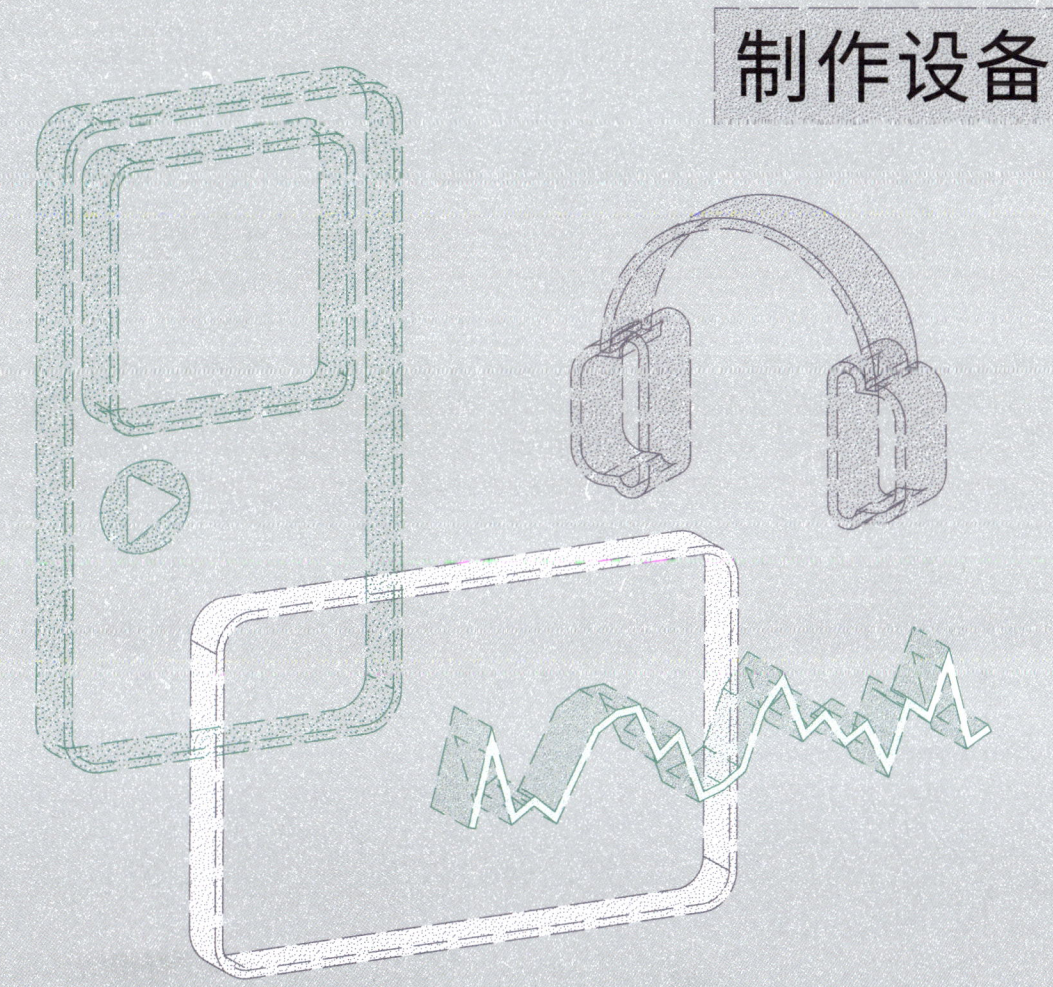

制作设备 A

要开始创作播客，初创者仅需要电脑、麦克风、耳机和录音软件。麦克风可以选择动圈式麦克风、电容式麦克风等，前者相对便宜耐用，后者收声更加清晰灵敏，价格也会高一些。当然，也可以个额外购置这些专业设备，有线耳机的麦克风、手机自带的备忘录录音工具、功能丰富的录音App都能满足录音新手使用。

B 在线会议

对于需要录制采访或者访谈的创作者来说，和嘉宾异地对话时可以使用在线会议软件和在线录音功能，方便进行远程访谈和录制，远程连线时要注意保持网络环境的稳定，尽量佩戴有线耳机辅助。

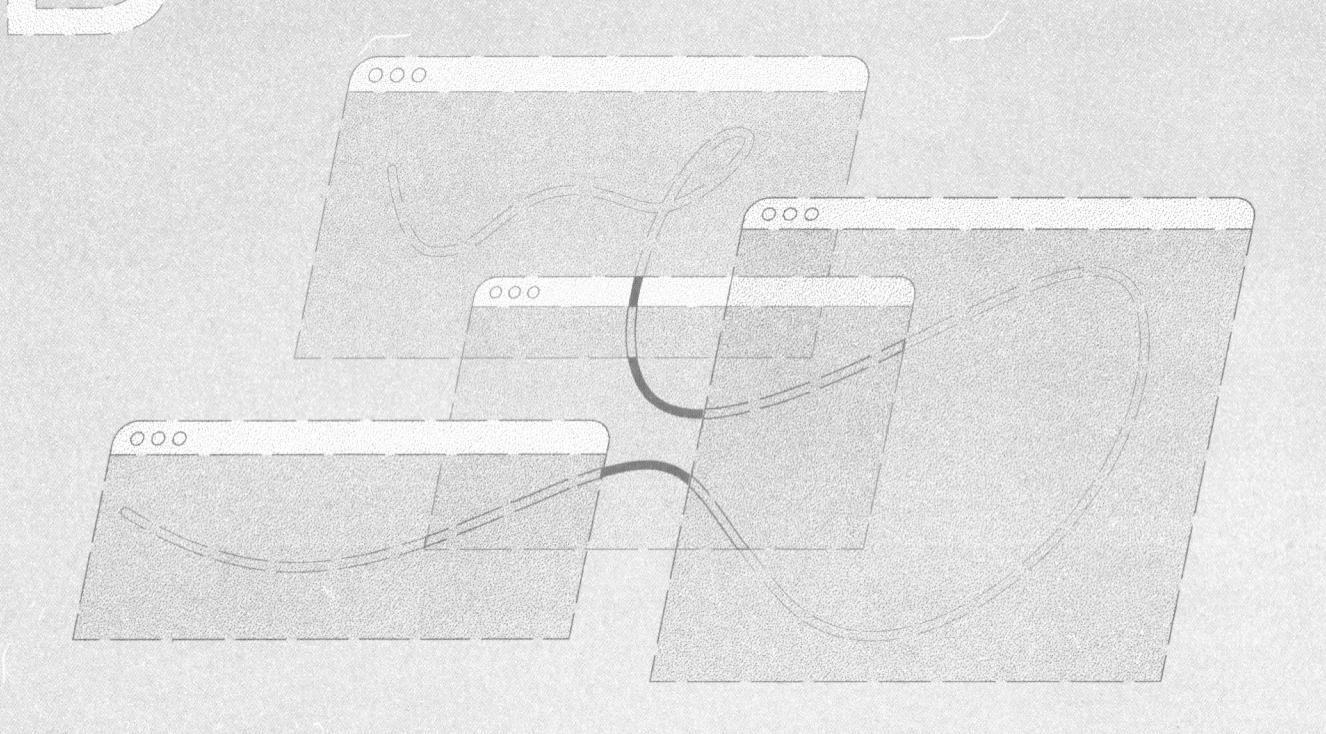

C 剪辑软件

使用专业的音频剪辑软件进行后期剪辑和处理，如Audacity、Adobe Audition（简称AU）等。Audacity是免费的音频编辑软件，支持多轨录音和各种后期处理；AU是专业的音频编辑软件，可以提供丰富的后期处理功能和效果，适合有高水准剪辑需求者。

▲ 避坑提示

如同很多领域的新手开局一样，在播客创作初期大可不必追求复杂的设备，虽然深思熟虑地选择工具是必要的，但过于细致可能会阻碍创作进展，重点应该放在内容创作而不是获得完美设备上。

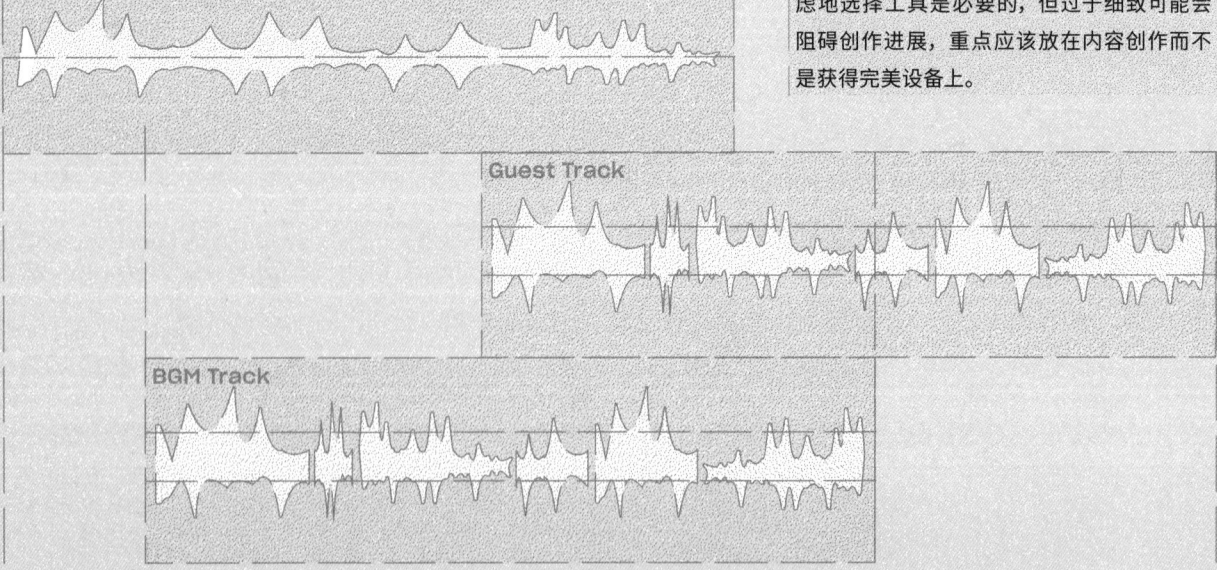

Step 4

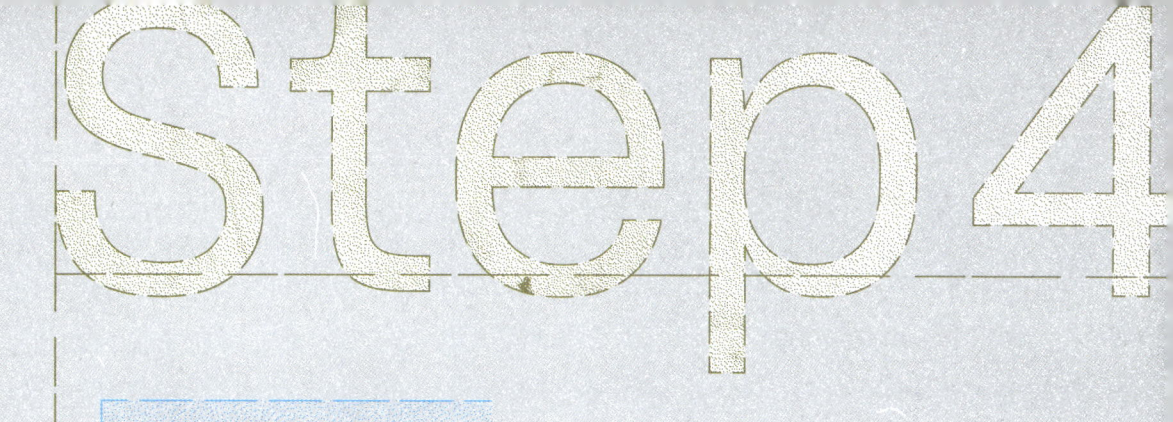

录制篇：
正式开麦，录制开始

选择一个安静、无干扰的录制环境，提高录音质量，这会为后期省掉许多麻烦。理想情况下，尽量选择窗户少、室内陈列吸音材质较多的小房间，避免产生回音和明显的"空间音"。

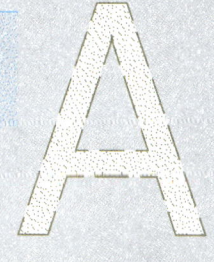

环境设置 A

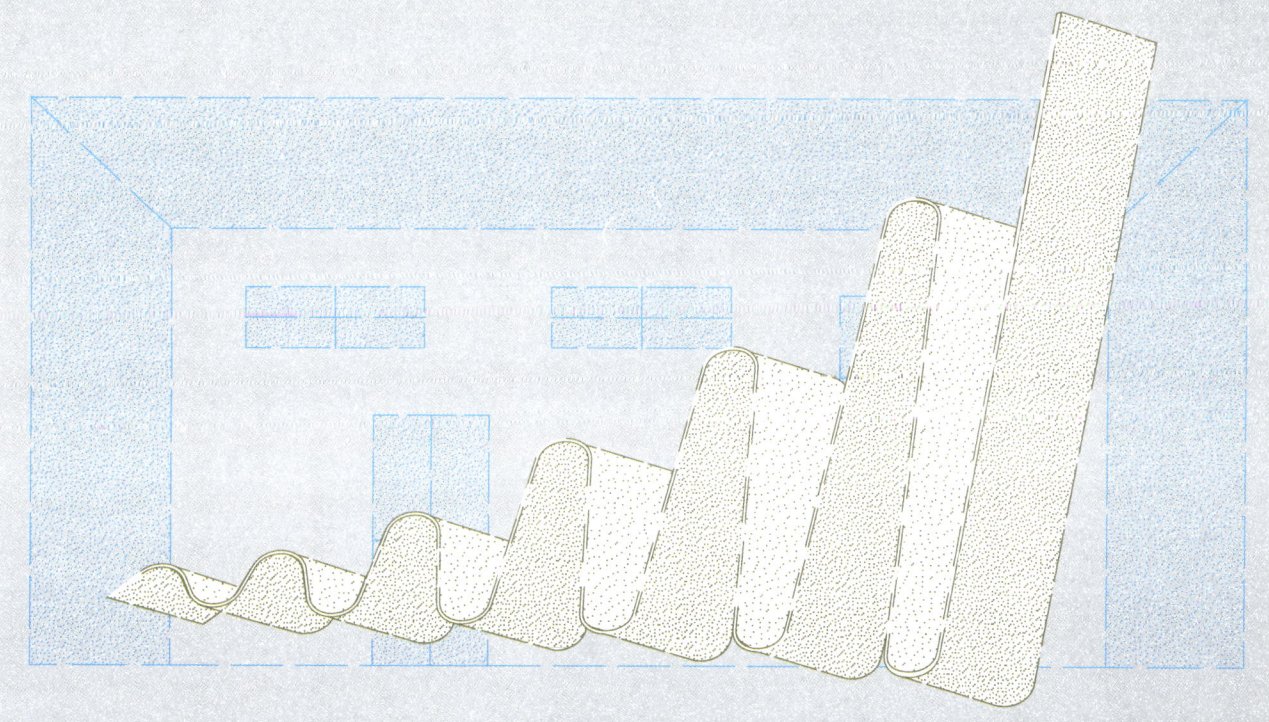

B 节奏把控

通常一期播客节目时长较短的为 15~30 分钟，适合快速的见解型内容；较长的有 45~60 分钟，适合进行更深入的讨论。因此要在录制过程中注意把控说话和聊天的节奏，将最主要的内容信息点控制在合理的时间范围内讲完。

15~30 min

45~60 min

▲ 避坑提示

在录制过程中不要用手触摸任何录音设备，无论是专业麦克风、耳机麦还是手机，避免无意中的轻敲、碰撞或移位，这都会产生噪声，让人听感不适。

Step 5

剪辑篇：
后期剪辑，修正内容

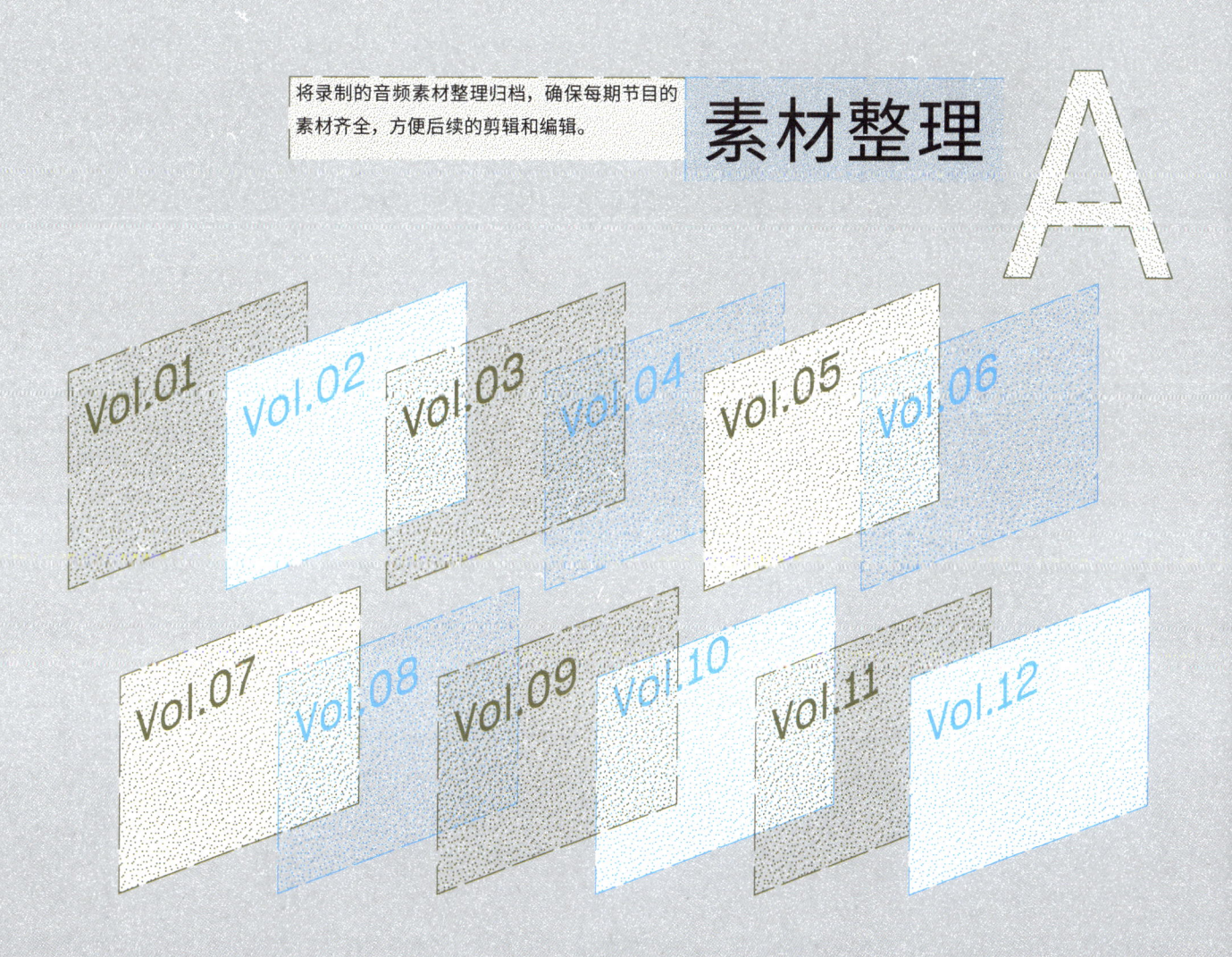

将录制的音频素材整理归档，确保每期节目的素材齐全，方便后续的剪辑和编辑。

素材整理 A

Vol.01　Vol.02　Vol.03　Vol.04　Vol.05　Vol.06

Vol.07　Vol.08　Vol.09　Vol.10　Vol.11　Vol.12

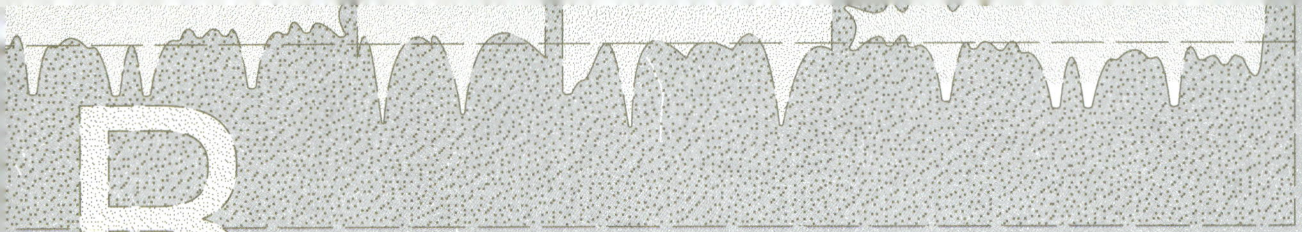

B

剪辑技巧

剪辑时对于口误、重复、噪声等多余内容一定要删除，并保留气口。同时注意调整音频的音量、节奏等，确保所有轨道的音量水平是平衡的，防止某个片段音量突然上升影响听感。

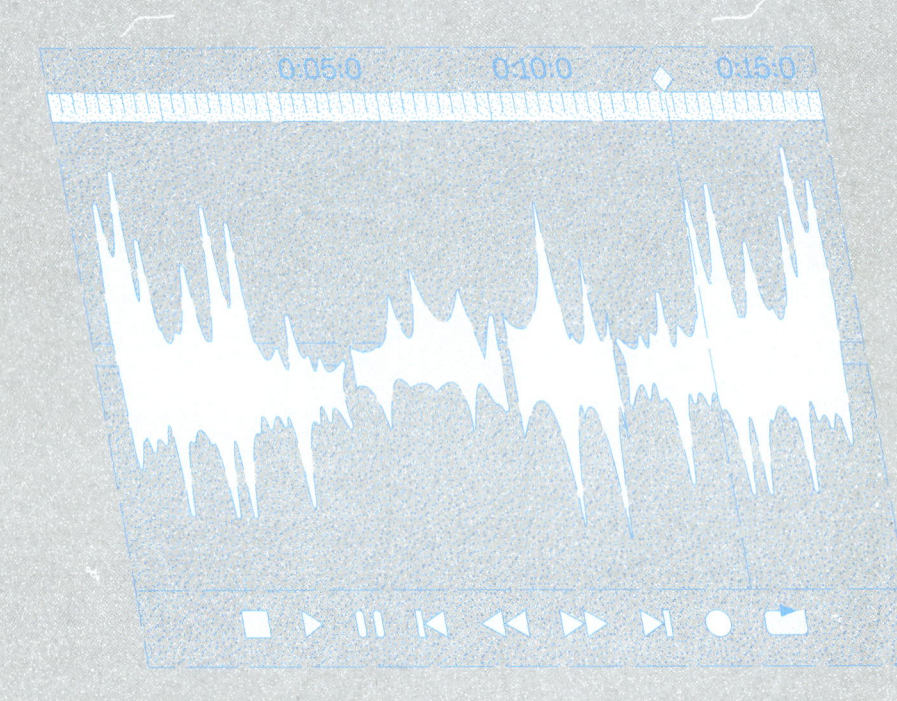

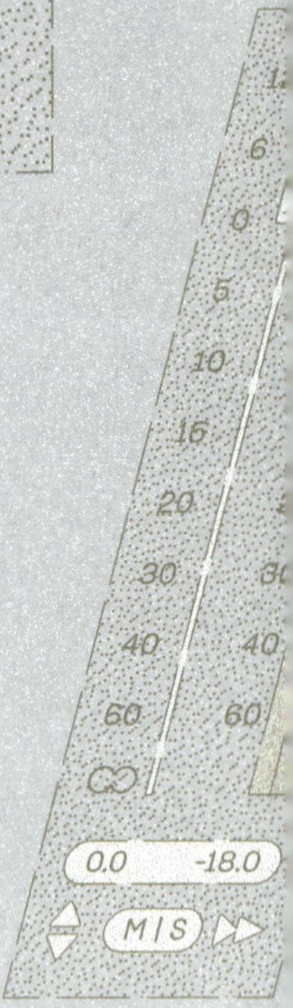

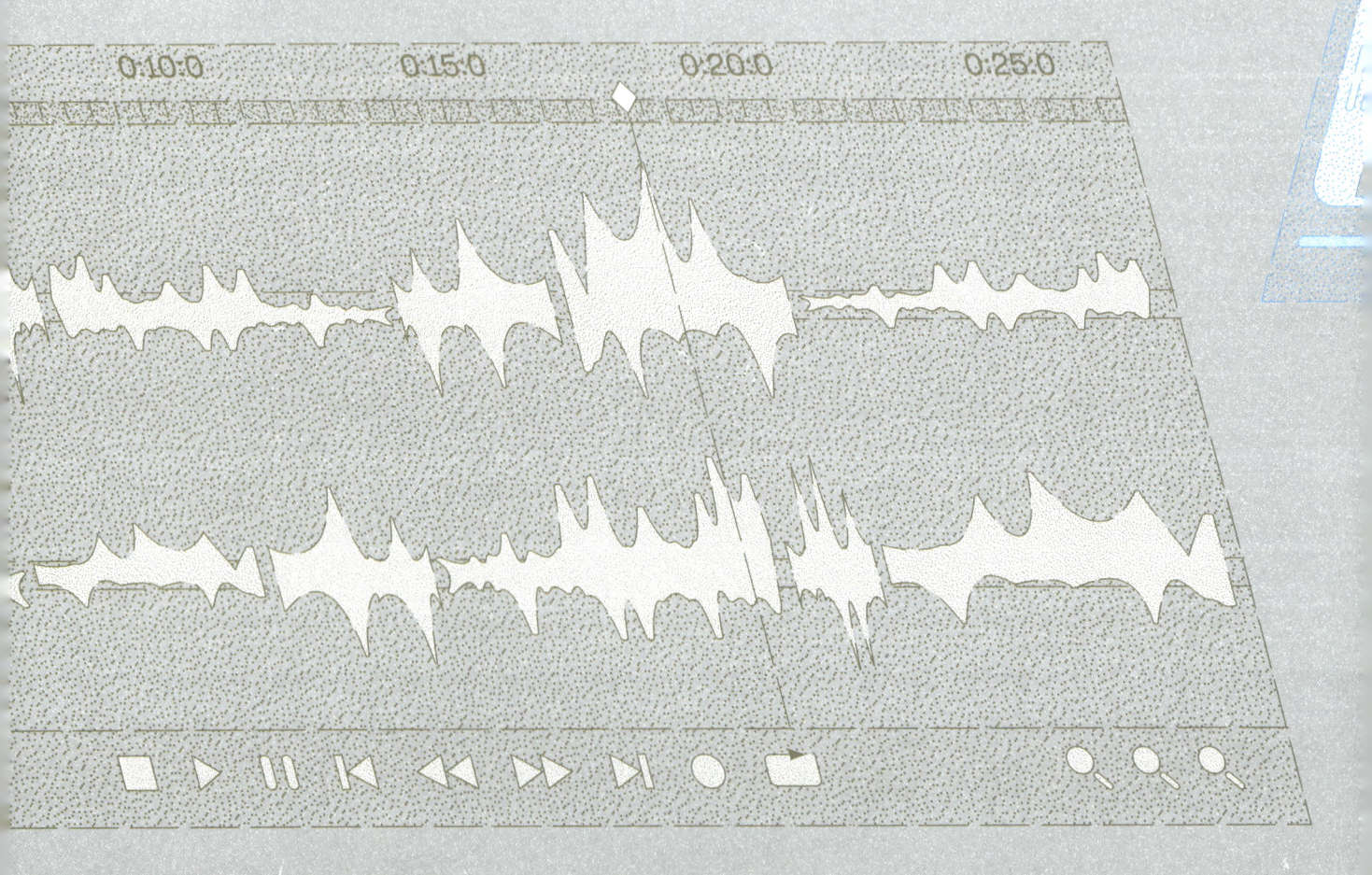

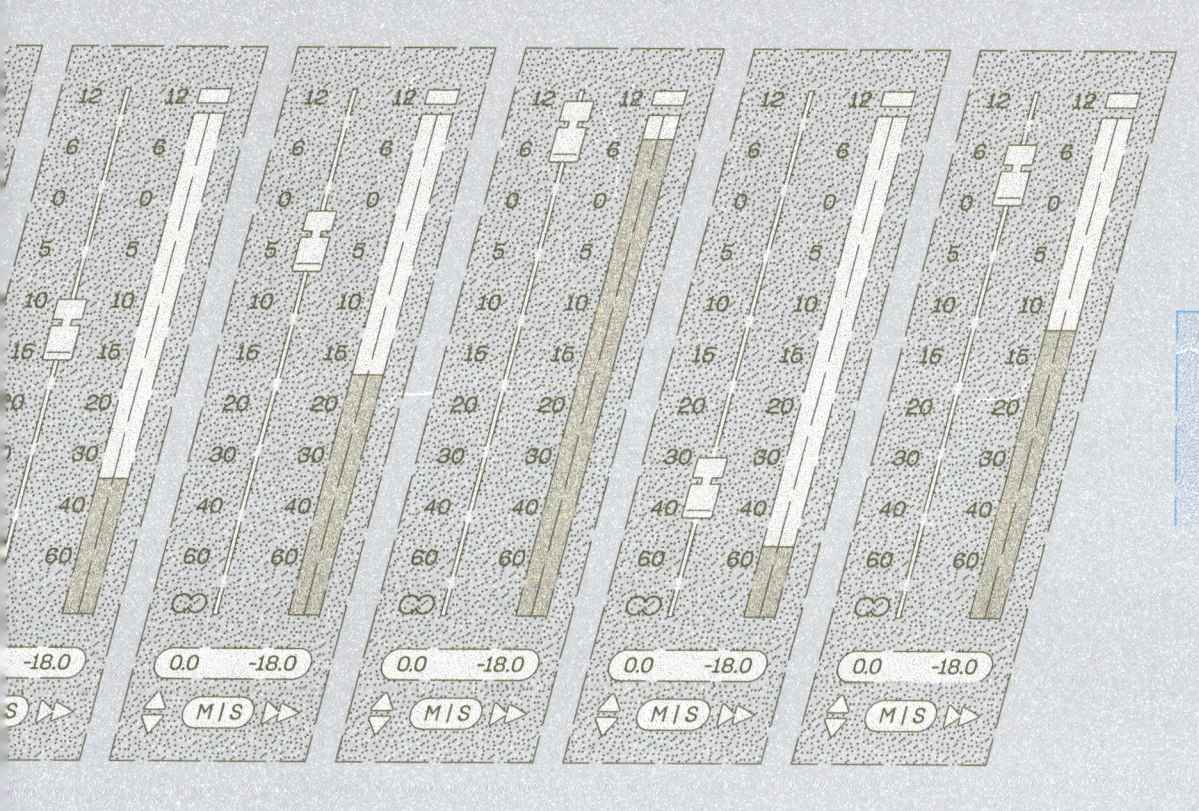

C

音乐强化

音乐的添加有助于营造氛围和情感基调，插入合适的背景音乐、音效或过渡效果音，可以提升节目的整体品质。但要确保音乐不会压过语言的表述，它应该是一个微妙的伴侣。

▲避坑提示

由于播客仅依靠听觉来传递信息，为了保证更好的收听体验，需要注意规避许多我们日常说话时的语气习惯，剪辑时尽量缩短句与句之间的停顿，对于"然后""啊""嗯""这个""我觉得"等口癖词通常要进行删减。

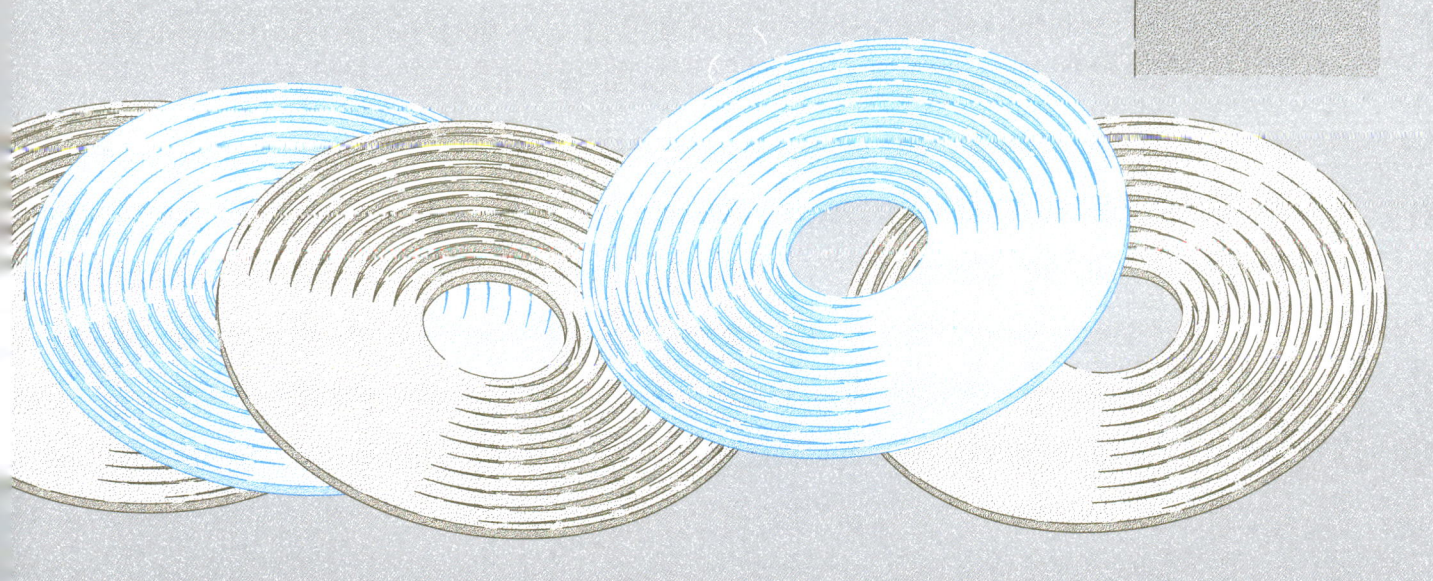

149

Step 6

运营篇：
推广+互动，缺一不可

A 社交媒体

可以在社交媒体平台上创建个人或者播客节目的专门账号，用于定期分享节目内容、幕后花絮、嘉宾访谈等，以吸引更多领域和平台的听众，与潜在的听众建立联系。

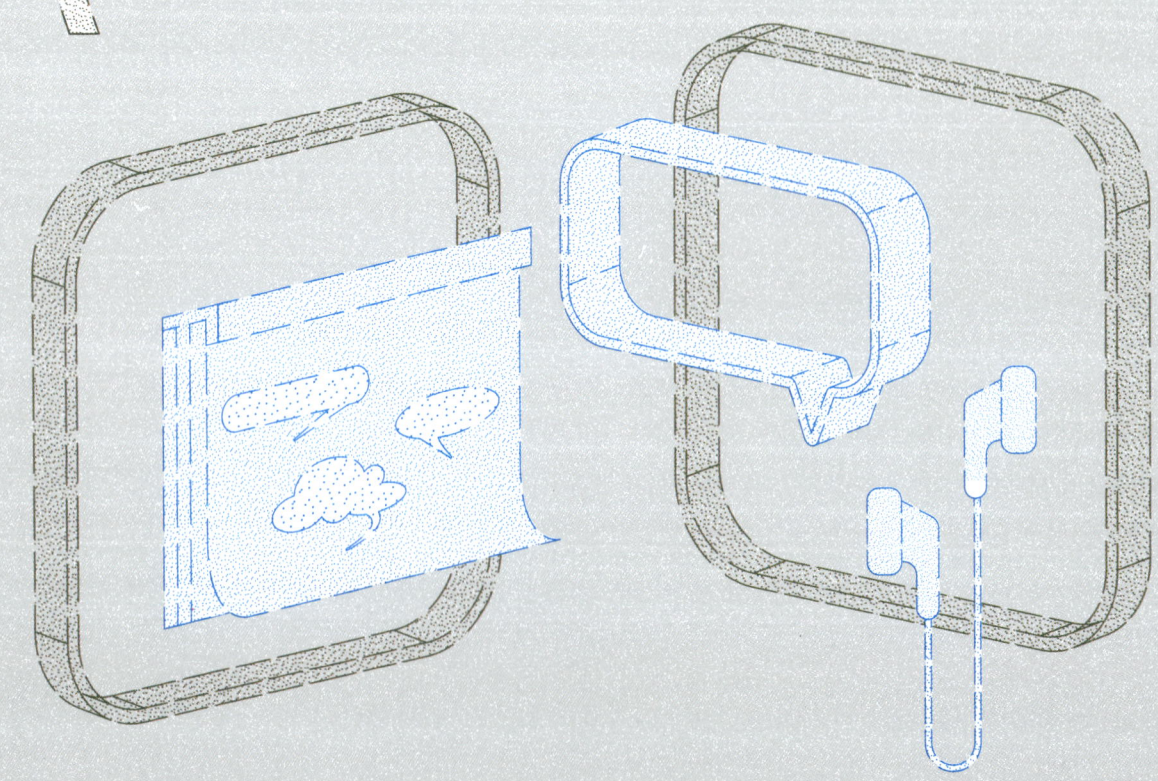

B 重点优化

单集标题

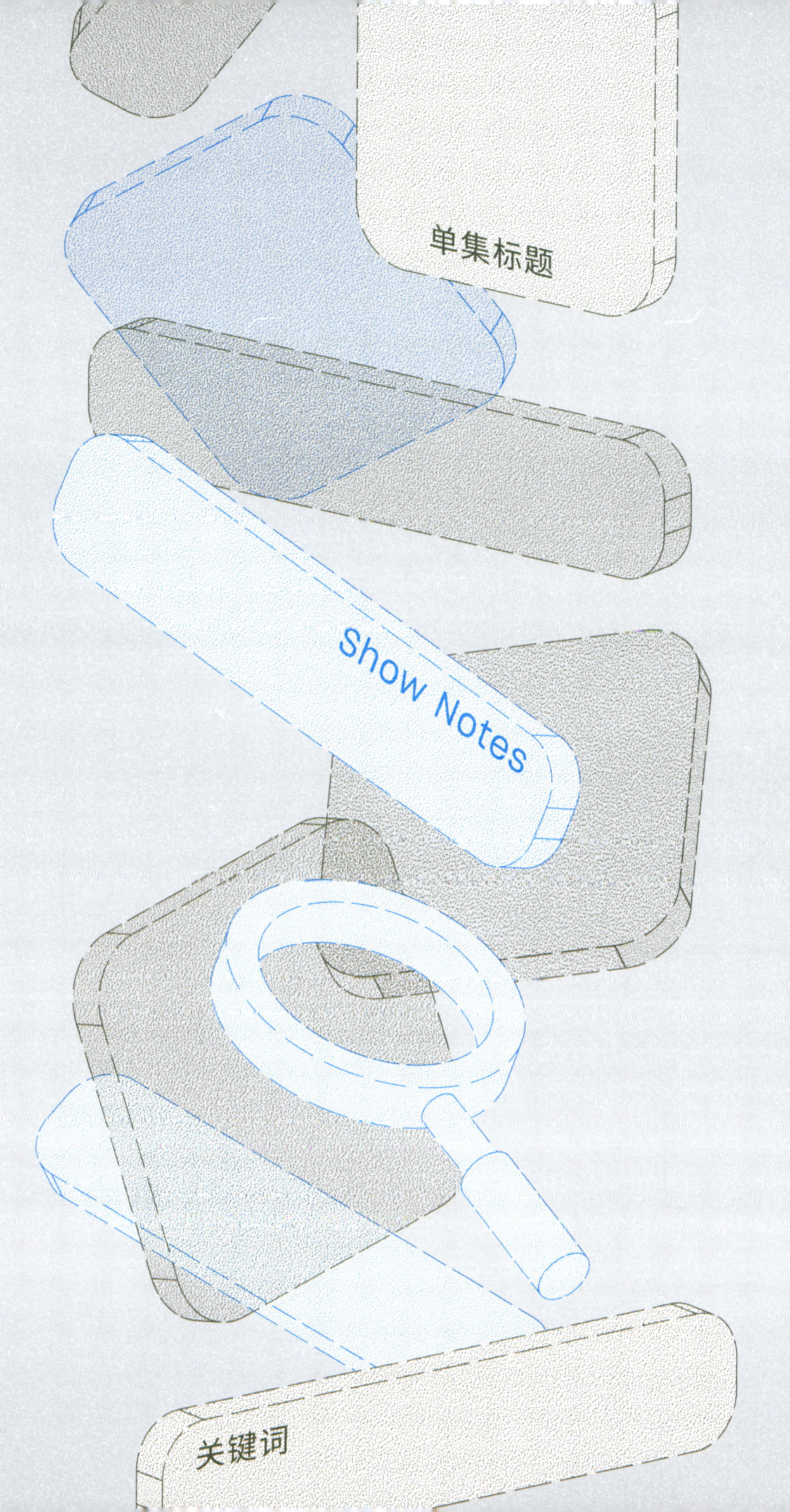

Show Notes

单集标题的取名和Show Notes的撰写表达，都要突出重点信息，对于节目想要提炼的关键词要着重优化，在节目被"听到"之前，要确保可以被"搜到"。

关键词

151

C

听友互动

可以鼓励听友在各类网络平台上留言，定期收集他们的反馈和建议，并根据需要对播客内容进行调整和改进。与此同时，要注重与听众的正向沟通，可以通过建听友群、回复评论、在节目中回答听友问题、线下交流等形式增强互动，以保持和听众的情绪连接。

▲ 避坑提示

· 不要忽视播客的营销和推广，认为好内容自然会被发现，这种"佛系"创作心态仅适用于对数据相对没那么看重的创作者。如果希望用心做的内容得到更多、更好的正向反馈，那么仍旧需要积极地在社交媒体、播客平台等渠道推广和宣传。小提示：与其他创作者"串台"，或邀请有影响力的人士作为嘉宾，可以帮助节目在冷启动期获得更多的关注机会。

· 许多新手创作者在更新几集后会因缺少听众感到挫败，容易放弃，播客的创作是需要一定的时间来积累和沉淀听众的，要保持长期的耐心和恒心。

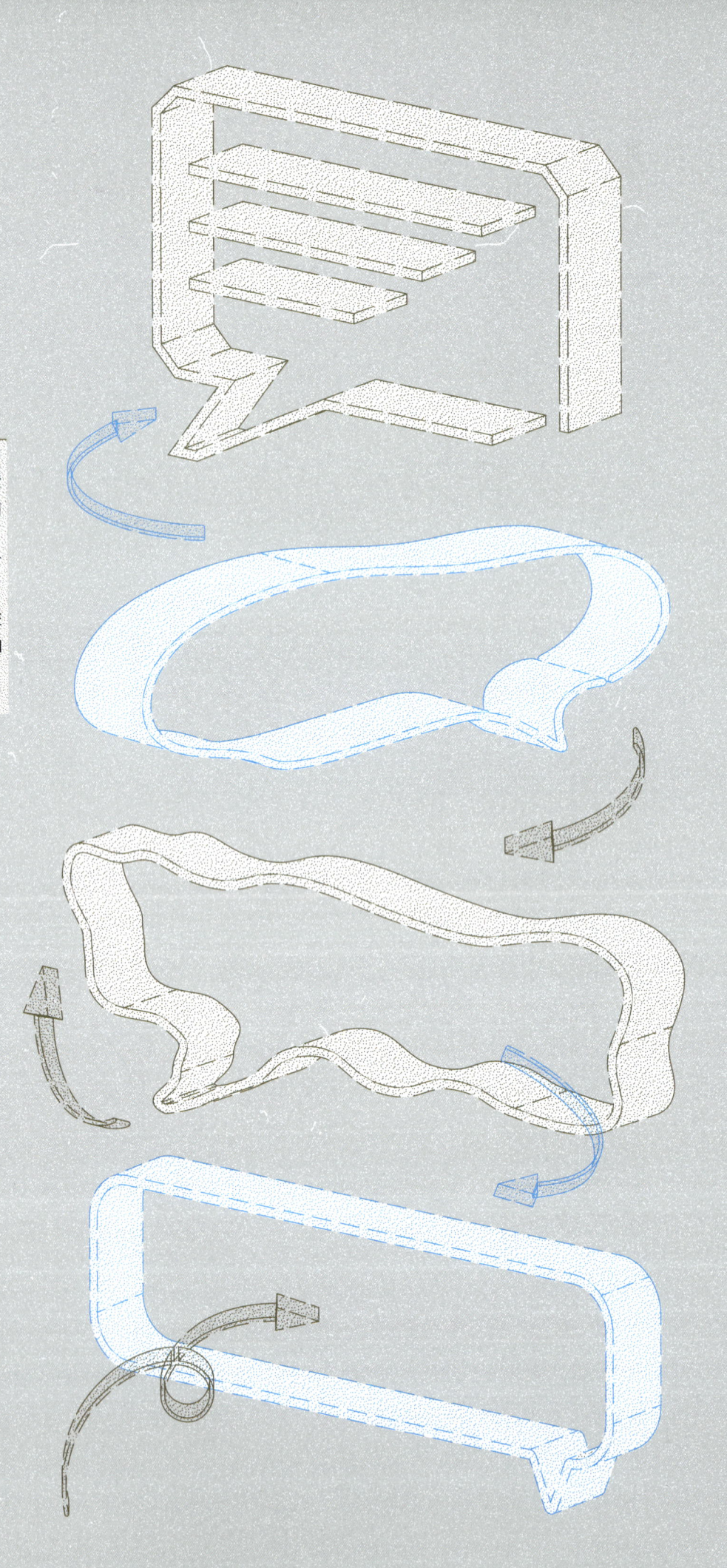

专业人士请回答!

这些问题真的很重要

出了"新手村",这趟播客创作者的进阶旅程才刚刚开始,更多的问题和挑战将被解锁。本编辑部特邀专业人士,围绕一些"痛点"问题进行解答。

Giselle姥爷
生活方式博主,《fit4life》主播

柏邦妮
作家、编剧,《哈喽哈喽我是邦妮》主播

阿秋
独立策划人,《每个月总有那么几天》主播

曹柠
媒体人,《咸柠七》主播

推迪
影像创作者,《心动女孩》主播

老袁
《播客公社》创始人,CPA中文播客社区发起人

梵一如
《井户端会议》《东亚观察局》《上海闲话》主播

Question 01

▶ 播客的选题规划，可以用什么思路去做？

阿秋——

我会有两条选题规划路径。

一条是纵向选题，适合那种切入角小、专业性强、需要深度解读的内容，一次性做两三期就结束，比如我们做过的"生育"系列。

一条是横向选题，通常用几个关键词框住大方向，可以先试两期，反响不错再进行系列化，比如我们的"异国求职"系列，做这种横向选题时，嘉宾的人选和行业可以不断变化，听众会更有新鲜感。

Question 02

▶ 进行对话类节目时，如何把控聊天的氛围？

曹柠——

尽量找到和朋友熟人聊天的质感。就像运动需要热身一样，一次高强度、酣畅淋漓的谈话也需要热身：

①进行一些前期沟通，先让对方了解你；
②在正式录制前有一段热场，让气氛放松下来，并提示对方"我也很了解你"；
③做好功课，弄清楚对方讨厌什么，不要在其雷区"蹦迪"；
④剩下的交给即兴发挥，对意犹未尽的线索不要放过，轻松地聊下去。

Question 03

进行访谈类节目时，主播自己需要注意哪些表达细节？

柏邦妮——

播客只能听到声音，没有画面的呈现，在听众不在现场聊天的场域，主播的一些对话习惯就会被放大。我是一个特别喜欢"抢话"的人，在线下的场合倒还好，双方会觉得有来有往聊得很开心，但在播客里就会让听众有很强烈的冒犯感。现在做播客访谈的时候，我也会调整接话的习惯，甚至会把"不抢话"三个字写在纸上来极力暗示自己，这还是有一些帮助的。

Question 04

如何让自己的节目更容易被注意到？

推迪——

我觉得是 Logo（标识）。一个抓眼球的节目 Logo 是一个好的开始，能够首先吸引听众点进栏目。

阿秋——

在取标题上有两个小经验。首先就是不能取很"平"的标题，尽可能以提问的形式引导，问句会比陈述句好一些。但是陈述句也可以起出很好的标题，前提是这个陈述句里是不是具备了矛盾、冲突和变化。其次是热点，有些话题自带流量，取标题就相对容易了，但要谨慎，尽量不要在标题上预设极端价值判断，即使这样会更有噱头，但考虑到长期发展，还是不能太"标题党"。

Question 05

和其他内容生产者一样,播客创作者也逃不开对订阅量、播放量、完播率等数据的关注,如何应对数据焦虑这件事?

曹柠——

我自己确实有轻微的数据焦虑,但很快就克服了。过度的数据焦虑对创作者是有害的,会潜移默化地影响常规内容和动作,更会干扰对于做内容这件事的初心和激情。

调整心态的方法是,坦诚思考自己做播客的目的:是实现某种目标的工具,还是为了自我表达?如果是前者,那么完全拥抱市场就好,当然这也意味着要卷入激烈的竞争。但如果追求的是个人意志的外显,或者纯粹为了有趣的尝试,我建议尽早"躺平"。套用我喜欢的专栏作家万维钢的一句话"不夹带私货谁写专栏啊?",我想说,在乎流量谁搞播客啊?

Question 06

如何看待主播和听友的关系?

柏邦妮——

陪伴和责任。我始终觉得观点的分享是有穷尽的,但是生命的陪伴是无穷尽的。像我这么多的节目量,有多少的真知灼见能无穷尽地分享?没有的。我的播客其实更多的是一种对生活感受的陪伴和分享,这在某种程度上比观点更珍贵。

"慎用自己的能量去影响别人。"——这是我反复提醒自己的一句话,不能因为自己是感染力比较强的表达者,就习惯性地用观点或情绪去刺激他人产生更大的情绪。如果因为我播了一粒不好的种子,让一个人在某个时刻往一个不好的方向走了一步,这就违背了我的初衷,我不希望我对听众的表达有这样的一个结果。

Question 07

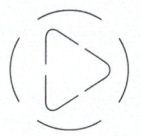

独立播客的商业化路径有哪些?

曹柠

目前的模式大致分为两类:一类是面向品牌端的模式——节目定制、贴片广告和冠名;另一类是面向用户端的模式——节目付费、会员打赏和周边开发等。

Question 08

与其他通过视觉呈现的媒介形式相比,播客如何仅凭借声音来满足客户需求?

Giselle 姥爷

播客更加自由,更容易结合场景。比如我想介绍一个产品,可以在冲浪、滑雪、出差时带着它,在不同场景使用并即时描述感受即可;但如果涉及拍摄,执行复杂度会高很多,可能只能拍一个场景。另外,像贴片口播类的广告,虽然短平快,但可以在一期节目里重复多次,给听众的印象就会非常深。

有个小经验,我们会将播客和小红书平台的账号一起"打包"给客户,首先听众会在播客听我们真诚介绍产品,然后在视频图文中看到这个产品直观的使用反馈,达成深度"种草"。我们一般会先排期播客上线,在大家花几天时间听完播客后再发布一个视频,甚至当天晚上再安排一场直播,这样乘胜追击对于客户来说效果是很好的。

Question 09

播客厂牌通常是如何培养或挑选内容创作者的？

老袁——

挑选机制依赖制作中的实践，如果是已经有自己播客的创作者，我们会先听他在节目中的表现，如果是新人，通常会先让创作者作为客座嘉宾来参与节目，在录制过程中判断创作者的表达能力，并通过听众反馈做复盘。我们的培养基本都是意识的建立，保持对话流畅性的同时训练主播的"对象感"，也就是录制过程中要顾及听众的感受。

Question 10

播客厂牌通常会面对什么类型的客户需求？

梵一如——

与品牌方合作分两种情况，一种是有投放需求的品牌，另一种是有制作品牌播客需求的品牌。但无论是哪种情况，最主要的目的都是充分与品牌沟通，了解品牌的基本理念，并演绎出最合适的文案或节目内容。能"听懂"品牌的需求，同时让品牌"理解"内容的价值，是厂牌最应该做的。

▶ 专栏   about热水频道

《about热水频道》是about编辑部的自制播客，每期会围绕一个生活关键词聊聊天。

我们将在"about关于"系列出版物的专栏中，持续更新这档播客的制作花絮、主播心得、听友留言和近期一些有价值的探讨。

about热水频道
主播叨叨叨

NO.01

\第三期的魔法/

星期四
2023年7月27日

ON AIR 录音中
about编辑部

我们的第一期播客是借用小宇宙的录音棚录制的。两名主播和这期的两位嘉宾都是第一次录播客，为了保证现场发挥稳定，大家拿着4万字的台本，进行了两次线上彩排。

但到了录制当天，主播开场第一句话声音依旧是抖的，状态也很紧绷。也许状态会传染，所有人都变得紧张起来，原本说好录制时不看台本自然发挥，但人一紧张就会忍不住念稿子，就这样四人轮番"朗读"了20分钟后，我们决定重录。

161

第二遍时稍微放松了一些，大家虽然还有紧张的感觉，但表演得不再那么生硬，终于进入"说人话"的交流状态。当天录制结束时已经晚上10点多，从棚里出来时遇到小宇宙的负责人，他看到我们手上厚厚一沓A4台本，安慰道："开始都这样，录到第三期之后就会好很多。"

接下来的两期我们还是老样子操作，准备几万字，录制依旧紧张，但编辑部不再为这种状态不安了，我们开始莫名相信，第三期之后就会出现魔法，尽管我们还不知道它会以什么样的姿态呈现。如果此刻在看这篇的你听过我们的第三期和第四期，应该能明显感受到这两期的状态差距——是的，魔法如期生效了。

所以说，当自己身处某个尝试的"新手"阶段，不必急于让自己放松和冷静，时间自然会带来力量，时间会让人从容。

我们的工作流程

Step 1
找选题+找嘉宾

《about关于》是小红书创立的内容品牌，因此我们的播客节目初期选题灵感，很多是从小红书平台上的用户笔记中收集的。

Step 2
资料调研+策划大纲

这一步最花时间，我们的节目定位之一是"成年人的兴趣班"，几乎每期都是不同领域的主题——观鸟、天文、摄影、技术哲学……为了把每个领域的魅力挖掘出来，有些笨功夫不得不下，比如提前看几十万字的资料。

Step 3
与嘉宾沟通大纲

这一步并非每期都有，若是比较熟识的嘉宾，会一起商量和调整大纲；初次接触的嘉宾，通常不会对大纲提出什么意见，倾向于直接按照大纲准备。

Step 4
正式录制

主播和嘉宾早期是在录音棚面对面录制，后来改为各自找安静的地方连麦在线录制，作为"i人"编辑部，明显更喜欢后者，大家的录制状态也都更松弛了，一期节目通常会录制2~3小时。

Step 5
文本梳理+剪辑

从粗剪开始，每期播客节目至少梳理 4 轮文本，直到时长从 3 小时变成 1 小时，同时进行"结构调整+口癖删减+音质微调"。

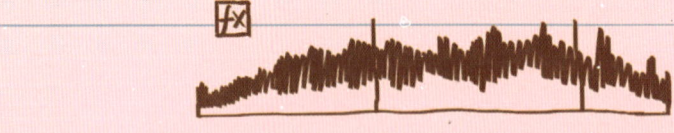

Step 6
精剪+配乐

内容粗剪到 1 小时后，进行最后一轮精剪，重点调整气口和节奏，同时根据情绪和节奏添加配乐。

Step 7
内部试听+嘉宾试听

编辑部全员和嘉宾进行试听并反馈，根据大家的意见做最终修改。

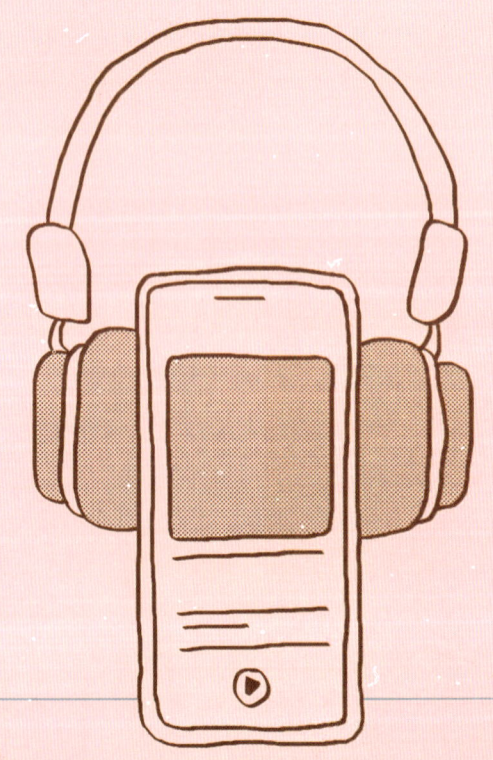

Step 8
设计当期封面+写Show Notes+发布

我们把每一期节目都当作一部"声音特辑"来制作，所以在节目封面上，每期都会花心思进行设计（即使并不会有多少人注意到）；同样地，每期洋洋洒洒写 Show Notes，也是希望给有需求的听友一些小小便利。

about 编辑部 × 小宇宙编辑部　　　　　联合企划

2020—2024 年中文播客单集精选 | 100

听，生活的声音

别册内容均源于小宇宙App
◯ 表示该内容曾入选"小宇宙播客大赏"年度特别推荐单集

2021—2024 年
学会去爱，也学着被爱 | 001 爱与关系
14 [18:00:00]

2021—2024 年
目光落在哪里，哪里或许就有奇迹发生 | 002 向内探索
14 [10:00:00]

未在播放

2022—2024 年
无法选择起点与终点,那就主动选择如何到达 | 003 人生是旷野
12   [16:52:00]

2021—2024 年
似乎总是忘记,生活的前提是生存 | 004 当代生存录
12   [15:34:00]

2021—2024 年
"不要温和地走入那个良夜" | 005 生活改革实验
11   [13:22:00]

2020—2024 年
碳硅融合时代之序章 | 006 与技术同行
11   [12:29:00]

2021—2024 年
符号的意义,不只符号本身 | 007 大众文化漫谈
14   [22:40:00]

2020—2024 年
观察、思考、发问……请循环 | 008 社会纵观
12   [14:21:00]

未在播放

2021	不合时宜
2022	看理想圆桌
2023	哈喽哈喽我是邦妮 / 除你武器 / 离心力比多 / 思文，败类 / 嗨咻 / 没理想编辑部 / 燕外之意 / TIANYU2FM——对谈未知领域 / 东腔西调 / 我们会见面吗 Hear You Are / 东七门
2024	肥话连篇

LOVE & RELATIONSHIPS

001

爱与关系

学会去爱，也学着被爱

2021 —————————————— 2024

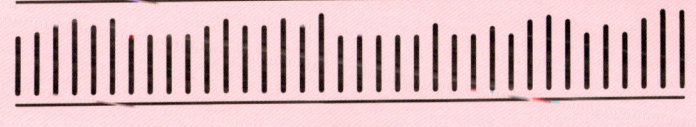

▷ 2021 不合时宜 亲密关系的最高级，除了婚姻还可能是什么 [01:15:00]

▷ 2022 看理想圆桌 264. 一个被猫拯救的故事 [01:00:00]

▷ 2022 我们会见面吗Hear You Are S1E1 哭泣女孩与心碎男孩 | 声音恋综 [01:24:00]

▷ 2022 东七门 保持中莉02.黄执中：暧昧关系中，谁痛苦谁改变 [50:00]

▷ 2023 哈喽哈喽我是邦妮 32.和席瑞聊韩炳哲，当代年轻人爱欲哪去了? [01:11:00]

▷ 2023 除你武器 妇女节特辑 | 妈妈读完上野千鹤子，会后悔生下我吗? [01:26:00]

▷ 2023 离心力比多 E57. 我和我爸，世界上最远的两个人 [01:04:00]

▷ 2023 思文，败类 25. 将自己重养一遍? 父母没做好的事，我们能做好吗? [51:00] 🏆

▷ 2023 嗨咻 022. 携隐 Melody: 用科学理性探讨爱，为什么会爱的人这么少? [01:36:00]

▷ 2023 没理想编辑部 对话李松蔚 | 都市人，靠搭子活着 [01:08:00]

▷ 2023 燕外之意 燕外之意 | 东亚发疯实录 [02:04:00] 🏆

▷ 2023 TIANYU2FM——对谈未知领域 E088. 我们为什么感到孤独? 和哈佛脑科学博士后聊聊孤独与社交 ft. 刘鼎 [01:21:00]

▷ 2023 东腔西调 Vol.150 | 社交距离：现代社会的孤独起点 | 社会病理学 [36:00]

▷ 2024 肥话连篇 用你喜欢的方式关心我，我不要!|VOL.120 [01:11:00]

学会去爱，也学着被爱 | 001 爱与关系   11

2021 随机波动 StochasticVolatility / 问题不大 NoBigDeal

2022 文化有限 / 跳岛FM / 自我进化论 / 无人知晓 / 大凝聊聊

2023 展开讲讲 / 喷嚏 / 凑近点看 / 自我进化论 / 基本无害 Mostly Harmless

2024 天真不天真 / 不把天聊si

INNER

002

EXPLORATION

向内探索

目光落在哪里，
哪里或许就有奇迹发生

2021 ——————————————————— 2024

(15) ▶ (30)

▷ 2021　随机波动 StochasticVolatility　【随机波动 051】从初老到终老，人在 30 岁时想的事情 [01:38:00]

▷ 2021　问题不大 NoBigDeal　07 当焦虑成为背景音——广泛性焦虑 [39:00]

▷ 2022　文化有限　Vol.149 悉达多：什么是人生的自洽？ [01:14:00]

▷ 2022　跳岛FM　114"年轻人社恐是件好事"：从被规训的痛感中看见自我｜梁永安&杜素娟 [01:05:00]

▷ 2022　自我进化论　自我进化论｜No.35：高敏感低稳定人群的自我关怀指南 [51:00]

▷ 2022　无人知晓　E10 让万物穿过自己 [01:05:00] ◉

▷ 2022　大凝聊聊　04·人不是活一辈子，是活几个瞬间 [34:00]

▷ 2023　展开讲讲　55.心声特辑：i人鼓足勇气，但这些话总说不出口 [01:45:00]

▷ 2023　喷嚏　048.做一个情绪稳定的人，就是把棱角磨掉吗？ [01:17:00]

▷ 2023　凑近点看　VOL 104 - 当代人如何失去专注：是什么在分裂和构成我？ [01:00:00]

▷ 2023　自我进化论　自我进化论｜No.39: 从滋养身心入手，提升生命能量 [01:24:00]

▷ 2023　基本无害 Mostly Harmless　Ep102 话疗室｜少反省自己，多责怪别人 [01:51:00] ◉

▷ 2024　天真不天真　vol.02 我的前半生：如何获得底层自信 [48:00]

▷ 2024　不把天聊si　Vol.132｜不自律的人自有出路。 [58:00]

目光落在哪里，哪里或许就有奇迹发生　｜　002 向内探索　　　11

2022 展开讲讲 / 薯条码头 / 咸柠七 / 裸辞后的快乐生活 /
下楼散步 / 出逃在即

2023 发发大王 / 每个月总有那么几天 /
姐姐说 / 保持通话

2024 燕外之意
张春酷酷酷

LIFE IS

003

A UNTAMED

人生是旷野

无法选择起点与终点，
那就主动选择如何到达

2022　　　　　　　　　　　　　　　2024

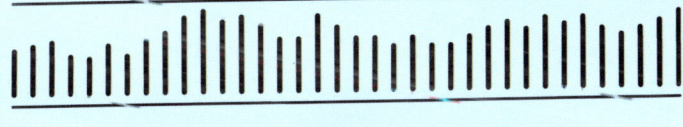

(15)　　▶　　(30)

▷ 2022　展开讲讲　展信佳：人生是宽阔的河流，小镇只是你的来处 [01:36:00]

▷ 2022　薯条码头　E03. 对话寺庙员工慌慌："出家"和看海可以是同一件事情 [01:01:00]

▷ 2022　咸柠七　vol.109 | 景德镇漂流记：把时间浪费给自己 [01:16:00]

▷ 2022　裸辞后的快乐生活　我在胡同开小卖部的日常（一）[55:00]

▷ 2022　下楼散步　EP03：花了一万五，全款在鹤岗买了套房！24 岁，我重启人生了 [01:14:00]

▷ 2022　出逃在即　[第179期] 打假那些看上去很美的伪副业 [01:03:00]

▷ 2023　发发大王　286 期 - 为了看遍大海，我做了 3 年船员 [01:16:00]

▷ 2023　每个月总有那么几天　056 我在德国做木工：不跳槽，不加薪，不内耗 [01:05:00]

▷ 2023　姐姐说　Ep.79 City Girl 深山造窑：一旦忘了玩乐，内心便枯萎衰竭 [58:00]

▷ 2023　保持通话　EP53 职业停摆期，我在上海当育儿嫂 [01:23:00]

▷ 2024　燕外之意　燕外之意 | 一个中国人决定不上班 [02:09:00]

▷ 2024　张春酷酷酷　021 | 我没上过大学 [02:55:00]

无法选择起点与终点，那就主动选择如何到达 | 003 人生是旷野

2021	津津有味 / 不合时宜
2022	故事FM / 知行小酒馆
2023	知行小酒馆 / 啊!是猫咪呀! / 纵横四海 / 保持通话 / 这病说来话长 / 起朱楼宴宾客 / 大食话
2024	无人知晓

004

当代生存录

似乎总是忘记,
生活的前提是生存

2021 — 2024

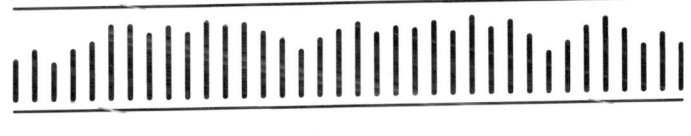

▷ 2021　津津有味　你吃的不是糖油混合物,是无处安放的情绪 [01:27:00]

▷ 2021　不合时宜　不时夜谈 06｜脱发也有公共性？我们的容貌焦虑与衰老想象 [01:22:00]

▷ 2022　故事FM　E613. 1 亿独居人群中的他们,如何自处？[26:00]

▷ 2022　知行小酒馆　E45 我真希望！自己读书时就知道这些理财知识 [01:04:00]

▷ 2023　知行小酒馆　E70 来得及！从现在开始了解五险一金 [53:00]

▷ 2023　啊！是猫咪呀！　S3.E12 慢性病：如何在心理上应对日复一日的损耗与徒劳？[01:52:00]

▷ 2023　纵横四海　EP13《精力管理》：如何从无法抹去的疲惫感中彻底恢复？[02:52:00]

▷ 2023　保持通话　EP50 如果我三十五岁前知道这些就好了：聊聊职场中的底线思维 [01:03:00]

▷ 2023　这病说来话长　VOL.70 精神科｜又失眠了？真的可治愈！三甲精神科医生给你的睡眠支招 [01:18:00]

▷ 2023　起朱楼宴宾客　vol.42. 你需要的是能真正"打破信息差"的财经信息源 [35:00]

▷ 2023　大食话　Vol-48 内行人秘籍：如何科学有效选择营养补剂,告别盲目跟风踩坑！[01:13:00]

▷ 2024　无人知晓　E34 孟岩对话顾中一：你和 100 岁的你,共享同一个自己 [01:28:00]

似乎总是忘记,生活的前提是生存｜004 当代生存录

2021	放学以后 After school	2023	午夜飞行 VOL DE NUIT / 耐听 / 宁浪别野 / 子非鱼 / 两室一听 / 识人识己
2022	沈奕斐的播客	2024	about 热水频道 / 体制内	小职员们的聊天局 / 碎嘴拉基欧 FamilyTalk

005

LIFE TRANSFORMATION EXPERIMENT

生活改革实验

"不要温和地走入那个良夜"

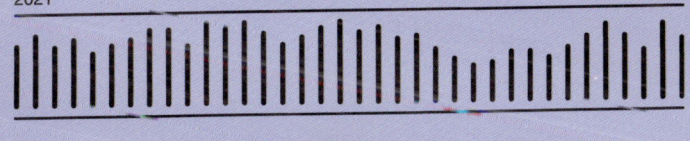

2021 —— 2024

(15) ▶ (30)

▷ 2021 放学以后After school 12 真的有人"热爱学习"吗? 成为终身学习者的可能性 [02:35:00]

▷ 2022 沈奕斐的播客 94.为什么我们那么需要松弛感? [01:15:00]

▷ 2023 午夜飞行 VOL DE NUIT Vol.61 | CityWalk不是一种生活方式,而是田野调查 | 人与土地 [64:00]

▷ 2023 耐听 S2E11 | 健身这条路上的弯弯绕绕,我们可太知道了 [01:34:00]

▷ 2023 宁浪别野 Ep38 | 工作哪有"兴趣班"重要! 业余爱好才是成年人的解药 [01:50:00]

▷ 2023 子非鱼 E92 | 我们能否走出"积极主义的暴政"? [52:00]

▷ 2023 两室一听 069 | 断网之后,我们重新过上了不倍速的生活 [52:00]

▷ 2023 识人识己 89 如何从容自信地沟通表达? [56:00]

▷ 2024 about热水频道 你的电子囤积症,治好了吗? | 006信息 [01:05:00]

▷ 2024 体制内|小职员们的聊天局 Vol.71 在 18 线小城市的年轻人,要怎么保持能量、激情和社交? [01:13:00]

▷ 2024 碎嘴拉基欧FamilyTalk ep37.放弃碎片时间以后,我轻松多了。[01:05:00]

"不要温和地走入那个良夜" | 005 生活改革实验

2020	2022	硅谷101 / 科技乱炖	2024 硅谷101
过刊		不合时宜 / Orpheus微见 /	
2021 机核游戏频道	2023	半拿铁｜商业沉浮录 / 张小珺Jùn｜商业访谈录 /	
知行小酒馆		What's Next｜科技早知道	

KEEPING PACE
WITH
006
TECHNOLOGY

与技术同行

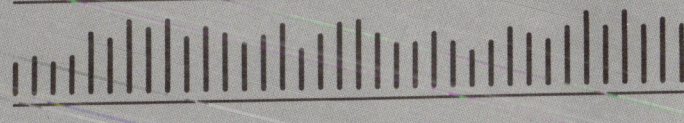

碳硅融合时代之序章

2020　　　　　　　　　　　　　　　　　　　　2024

| ▷ 2020 | 过刊 | 过刊 010: 活在大数据之下，被优化与异化的人 [39:00]
| ▷ 2021 | 机核游戏频道 | 元宇宙批评 [01:46:00]
| ▷ 2021 | 知行小酒馆 | E13 专访 flomo 少楠：宇宙希望我们成为普通的人，创造是我们反抗的手段 [01:05:00]
| ▷ 2022 | 硅谷101 | S3E39｜来自太空深处的浪漫，与詹姆斯·韦伯核心团队的宇宙级对话 [44:00]
| ▷ 2022 | 科技乱炖 | 我们被泄露的隐私可能远多于这10亿 [01:16:00]
| ▷ 2023 | 不合时宜 | AI 狂飙的时代，人还有价值吗？[01:37:00]
| ▷ 2023 | Orpheus微见 | 009-二维码：大规模扫码还会给我们带来什么？｜媒介研习 [37:00]
| ▷ 2023 | 半拿铁｜商业沉浮录 | No.39 人工智能风云录之图灵开天香农辟地 [01:33:00]
| ▷ 2023 | 张小珺Jùn｜商业访谈录 | 54. 口述全球大模型这一年：人类千亿科学豪赌与参差的中美景观 [01:33:00]
| ▷ 2023 | What's Next｜科技早知道 | S7E36｜马斯克用来对抗 AI 威胁的脑机接口，发展得怎么样了 [48:00]
| ▷ 2024 | 硅谷101 | E138｜如何用大模型提升学习效率？来自 1100 小时的深度使用体验 [50:00]

碳硅融合时代之序章 ｜ 006 与技术同行

2021 梁文道·八分 / 日谈公园	2023 乱翻书 / 电影巨辩 / Vibration 歪波音室 / 有关紧要 SomethingMatters / 疲惫娇娃 CyberPink / Nice Try / X 博士 official	2024 大内密谈 看理想圆桌
2022 剧谈社 ｜ 翻译艺术品 智族 Talk 发发大王		

DISCUSSING

007

MASS CULTURE

大众文化漫谈

符号的意义，不只符号本身

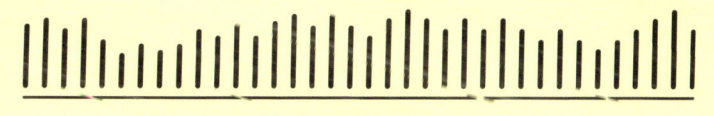

2021 ──────────────────────────── 2024

⟲ 15   ▶   30 ⟳

▷ 2021 梁文道·八分 297. 余华 X 梁文道：当代作家的责任是什么？[44:00]

▷ 2021 日谈公园 vol.419 身经百劫也在心间，和六神磊磊聊金庸 [01:57:00]

▷ 2022 剧谈社｜翻译艺术品 Vol.38 人生困局指南：苏东坡和他的精神胜利法 [01:32:00]

▷ 2022 智族Talk GQ Chat｜《甄嬛传》11 年，你如今几岁了？[40:00]

▷ 2022 发发大王 241 期 -《请回答 1988》· 催泪 · 费饭 · 冬日必刷 (一) [01:22:00]

▷ 2023 乱翻书 141. 中国特稿二十年，岂有豪情似旧时 [01:06:00]

▷ 2023 电影巨辩 10. 论侯孝贤 [02:47:00]

▷ 2023 Vibration歪波音室 宝岛流行音乐的前世今生：1980s—2000s [02:55:00]

▷ 2023 有关紧要SomethingMatters vol.015 | 讨好世界终究只是一场徒劳：与胡安焉聊《我在北京送快递》[01:04:00]

▷ 2023 疲惫娇娃CyberPink 036 | Taylor Swift 的时代和我们的青春 Modern Girlhood through Taylor Swift and Her Eras [01:39:00]

▷ 2023 Nice Try 谢谢你，《塞尔达传说 王国之泪》[02:10:00]

▷ 2023 X博士official Vol.31【东北超梦】：《漫长的季节》与下岗时代 [01:36:00]

▷ 2024 大内密谈 vol.1160 养赛博老公，服电子兵役 [01:57:00]

▷ 2024 看理想圆桌 349.《我的阿勒泰》主创谈：草原上也有回音 [01:13:00]

2020 文化有限
2021 无聊斋 / 故事FM
2022 是个人物
2023 如此城市CityTells / Talk三联 / 螺丝在拧紧 / 打工谈 / 不成气候No Such Climate / 吃里扒外
2024 看理想圆桌 / 面基

008

社会纵观

观察、思考、发问……请循环

2020　　　　　　　　　　　　　　2024

(15)　▶　(30)

▷ 2020 文化有限 Vol.39 被系统困住的骑手，被算法反噬的我们 [48:00]

▷ 2021 无聊斋 vol.281 培训行业浮沉史丨悬崖之下：那些离开教育培训行业的人 [01:39:00]

▷ 2021 故事FM E485.海淀妈妈：从一年级开始，我的孩子没有虚度过一天 [26:00]

▷ 2022 是个人物 小镇做题家，和我们人生的漫长补课 [01:22:00] 🏅

▷ 2023 如此城市 CityTells 对话人类学家项飙："打工"究竟有什么意义 [01:09:00]

▷ 2023 Talk 三联 EP113 跟着卡车司机跑长途，都会经历什么？ [01:01:00]

▷ 2023 螺丝在拧紧 Vol.68 对话林小英：教育精英化，谁是淘汰者？ [01:48:00]

▷ 2023 打工谈 vol.36丨周姐：坚定地逃离，勇敢地保卫，大胆地表达 [01:19:00]

▷ 2023 不成气候 No Such Climate E31：进入更热的世界：认知、适应与减缓之道 [48:00]

▷ 2023 吃里扒外 "把菜市场当作旅行目的地" [01:03:00]

▷ 2024 看理想圆桌 335.我们这一代女性，可以活得更自私吗？ [01:50:00]

▷ 2024 面基 E45.养老，三个代际的未雨绸缪 [01:06:00]

观察、思考、发问……请循环 ｜ 008 社会纵观

过刊 / 文化有限

▶ 2020

不合时宜 / 随机波动StochasticVolatility / 问题不大NoBigDeal / 津津有味 / 放学以后 After school / 机核游戏频道 / 知行小酒馆 / 梁文道·八分 / 日谈公园 / 无聊斋 / 故事FM

▶ 2021

着理想圆桌 / 我们会见面吗Hear You Are / 东七门 / 文化有限 / 跳岛FM / 自我进化论 / 无人知晓 / 大凝聊聊 / 展开讲讲 / 薯条码头 / 咸柠七 / 裸辞后的快乐生活 / 下楼散步 / 出逃在即 / 故事FM / 知行小酒馆 / 沈奕斐的播客 / 硅谷101 / 科技乱炖 / 剧谈社 | 翻译艺术品 / 智族Talk / 发发大王 / 是个人物

▶ 2022

播放结束

哈喽哈喽我是邦妮 / 除你武器 / 离心力比多 / 思文，败类 / 嗨咻 / 没理想编辑部 / 燕外之意 / TIANYU2FM——对谈未知领域 / 东腔西调 / 展开讲讲 / 喷嚏 / 凑近点看 / 自我进化论 / 基本无害Mostly Harmless / 发发大王 / 每个月总有那么几天 / 姐姐说 / 保持通话 / 知行小酒馆 / 啊! 是猫咪呀! / 纵横四海 / 保持通话 / 这病说来话长 / 起朱楼宴宾客 / 大食话 / 午夜飞行 VOL DE NUIT / 耐听 / 宁浪别野 / 子非鱼 / 两室一听 / 识人识己 / 不合时宜 / Orpheus微见 / 半拿铁｜商业沉浮录 / 张小珺Jùn｜商业访谈录 / What's Next｜科技早知道 / 乱翻书 / 电影巨辩 / Vibration 歪波音室 / 有关紧要SomethingMatters / 疲惫娇娃 CyberPink / Nice Try / X博士official / 如此城市 CityTells / Talk三联 / 螺丝在拧紧 / 打工谈 / 不成气候No Such Climate / 吃里扒外

▶ 2023

肥话连篇 / 天真不天真 / 不把天聊si / 燕外之意 / 张春酷酷酷 / 无人知晓 / about热水频道 / 体制内｜小职员们的聊天局 / 碎嘴拉基欧FamilyTalk / 硅谷101 / 大内密谈 / 看理想圆桌 / 面基

▶ 2024

出版说明：
- 网络内容具有时效性，山版物中所有播客节目和相应主播，以 2024 年 10 月为选取时间。
- 出版物对播客节目等网络内容，进行了文字上的勘误。

集数	100
时长	129:20:00

about关于 × 🪐 小宇宙